Markus Kohlenberg
Musiksponsoring

Markus Kohlenberg

Musiksponsoring

Grundlagen — Strategien — Beispiele

DUV **DeutscherUniversitätsVerlag**
GABLER · VIEWEG · WESTDEUTSCHER VERLAG

CIP-Titelaufnahme der Deutschen Bibliothek

Kohlenberg, Markus:
Musiksponsoring : Grundlagen, Strategien, Beispiele / Markus
Kohlenberg. — Wiesbaden : DUV, Dt. Univ.-Verl., 1994
  (DUV : Wirtschaftswissenschaft)
  ISBN 3-8244-0228-9

Der Deutsche Universitäts-Verlag ist ein Unternehmen
der Bertelsmann Fachinformation.

© Deutscher Universitäts-Verlag GmbH, Wiesbaden 1994
Lektorat: Gertrud Bergmann

Das Werk einschließlich aller seiner Teile ist urheberrechtlich
geschützt. Jede Verwertung außerhalb der engen Grenzen des
Urheberrechtsgesetzes ist ohne Zustimmung des Verlags unzulässig und strafbar. Das gilt insbesondere für Vervielfältigungen,
Übersetzungen, Mikroverfilmungen und die Einspeicherung und
Verarbeitung in elektronischen Systemen.

Druck und Buchbinder: Rosch-Buch, Hallstadt
Gedruckt auf chlorarm gebleichtem und säurefreiem Papier
Printed in Germany

ISBN 3-8244-0228-9

Geleitwort

Sponsoring ist in einer Gesellschaft, in der die Freizeitgestaltung sowohl aktiver als auch passiver Natur eine wichtige Rolle spielt, zu einem festen Bestandteil des Wirtschaftlebens geworden. Unternehmen der verschiedensten Branchen nutzen es, um potentielle Nachfrager in einem emotional positiv behafteten Raum zu erreichen, sich in ihrem Bewußtsein zu verankern und auf enger werdenden Käufermärkten ein angestrebtes Image aufzubauen und zu festigen. Selbst einer breiten Öffentlichkeit ist das Sponsoring in seiner Ausprägung als Sportsponsoring vertraut. In den letzten Jahren hat das Sponsoring zunehmend Eingang in den Bereich der Kultur gefunden.

Der Autor beschreibt detailliert die Fragestellungen und Probleme, die bei der Planung, Durchführung und Kontrolle des Sponsorings von Musik auftreten. Insbesondere wird deutlich, welchen Rahmen Unternehmenskultur und Corporate Identity dem strategischen Musiksponsoring setzen. Ausgehend von theoretischen Grundlagen werden die Chancen und Probleme des Musiksponsorings in der Praxis anhand zahlreicher Beispiele aus unterschiedlichen Perspektiven beleuchtet. Durch die theoretische Aufarbeitung marketingpolitischer Überlegungen für ein strategisches Musiksponsoring bietet die vorliegende Arbeit aber auch für Praktiker eine Fülle von Anregungen, die zur Gestaltung eines erfolgreichen Musiksponsorship beitragen können.

Durch diese Darstellung der Zusammenhänge zeigt sich, daß Musiksponsoring ein wichtiges Element in einer erlebnisorientierten Marketingkonzeption ist und somit wesentlich zur Gestaltung des Erlebnismarketing beitragen kann.

Dipl.-Ök. Dagmar Ackermann
Prof. Dr. Peter Weiß

Vorwort

Die Entwicklung des Sponsorings ist in den vergangenen Jahren dynamisch vorangeschritten. Zunehmend engagieren sich Unternehmen im kulturellen Bereich, wobei dem Musiksponsoring eine wesentliche Bedeutung zukommt. Während die öffentlich subventionierte Kultur unter den drastischen Kürzungen der Kulturförderung des Bundes, der Länder und Kommunen leidet, erhöht sich beispielsweise die Zahl der privat finanzierten Musik-Festivals. Hier sind Sponsorengelder inzwischen zu einem wesentlichen Element der Kostendeckung geworden, das den Leistungsumfang sichert.

Als flankierendes Instrument im Marketing- bzw. Kommunikations-Mix wird Musiksponsoring heute noch unterschiedlich beurteilt. Einerseits haben zahlreiche Gespräche gezeigt, daß teilweise Sponsoringaufwendungen immer noch aus dem Bauch bewilligt werden. Emotionale Komponenten wie persönliche Sympathien und Präferenzen sind hier gegenüber sachlich begründeten Konzepten dominant. Andererseits legen große Unternehmen ihre Sponsoring-Engagements konzeptionell und strategisch zumindest mittelfristig an.

Das vorliegende Buch soll verdeutlichen, daß Musiksponsoring durchaus Kernstück der Kommunikations-Strategie sein kann. Es werden Vernetzungsmöglichkeiten im Marketing-Mix analysiert und zahlreiche Formen und Maßnahmen zur Gestaltung von Sponsorships vorgestellt, die dem interessierten Leser Anregungen zur glaubwürdigen Unterstützung des Kulturgutes Musik geben sollen. Neben der Erläuterung marketingpolitischer Grundlagen werden strategische Umsetzungsmöglichkeiten des Musiksponsorings anhand konkreter Fallbeispiele verdeutlicht, die sich auf die "Musik-Szene" in Deutschland beziehen.

Ausgangspunkt des Buches ist meine im Wintersemester 1992/93 an der Fachhochschule Niederrhein verfaßte Diplomarbeit "Musiksponsoring - Möglichkeiten, Formen und Grenzen", deren struktureller Aufbau in weiten Teilen übernommen wurde. Die Arbeit habe ich vollständig überarbeitet, aktualisiert und erweitert. Statt umfangreicher Fußnotentexte beschränke ich mich nun auf wesentliche Quellenhinweise, die Verfassername und Erscheinungsjahr ausweisen. Durch diese Änderung soll der wissenschaftliche Bezug beibehalten, zudem auch ein praxisorientierter Rahmen geschaffen werden.

Mit praxisbezogenen Informationen und unternehmensinternen Materialien haben zahlreiche Gesprächspartner meine Recherche unterstützt und so zum Gelingen dieses Buches beigetragen. Ihnen allen gebührt mein herzlicher Dank. Ein besonderer Dank geht an meine Referentin Dagmar Ackermann für ihre kritischen Anregungen und Unterstützung sowie an die Adresse der Unternehmen bzw. Institutionen, deren Musiksponsoring-Engagements bzw. Sonsoring-Konzepte ich als Fallbeispiele ausführlich beschrieben habe: Audi (Ingolstadt), Brandenburgische Sommerkonzerte (Berlin), Coca-Cola (Essen), Initiativkreis Ruhrgebiet (Essen), Kienow & Partner (Frankfurt) und Stadtsparkasse Köln (Köln). In diesem Zusammenhang gilt mein Dank vor allem denen, die mit ihrer Bereitschaft zur kooperativen Zusammenarbeit erheblichen Anteil am Zustandekommen der Fallbeispiele haben: Steffen Müller (Audi); Heinz H. Behrens, Andreas Herrmann, Dr. Werner Martin (Brandenburgische Sommerkonzerte); Kerstin Bestmann, Gert Bommersheim (Coca-Cola); Harald Polenz (Initiative Ruhrgebiet); Sabine Kienow, Peter Steinfadt (Kienow & Partner); Michael Cremer, Ilse Weber (Stadtsparkasse Köln).

Markus Kohlenberg

Inhaltsverzeichnis

1.	Einleitung	1
2.	Vom Musik-Mäzenenatentum zum Musik-Sponsoring	3
3.	Besonderheiten der Musik und deren Bedeutung für das Sponsoring	5
3.1.	Ausprägungen der Musik	7
3.1.1.	Leistungsklassen der Gesponserten	9
3.1.2.	Reichweite des Musiksponsorings	10
3.2.	Zielgruppen der Gesponserten	11
4.	Musiksponsoring als Beitrag zur Ausgestaltung der Corporate Identity	15
4.1.	Musiksponsoring zur Ausgestaltung der Corporate Culture	21
4.1.1.	Steigerung der Mitarbeiteridentifikation	21
4.1.2.	Dokumentation gesellschaftlicher Verantwortung	22
4.2.	Musiksponsoring im Rahmen der Corporate Communications	25
4.2.1.	Erhöhung des Bekanntheitsgrades	27
4.2.2.	Kontaktpflege und Abbau sozialer Distanz	27
4.3.	Musiksponsoring in Verbindung mit Corporate Design	28
5.	Bedeutung des Musiksponsorings im Marketing-Mix	29
5.1.	Rolle der Produktaffinität und Auswirkung auf die Produktpolitik	30
5.2.	Auswirkungen auf die Distributionspolitik	33
5.3.	Auswirkungen auf die Preispolitik	34
5.4.	Stellung innerhalb der Kommunikationspolitik	35
5.4.1.	Integration mit klassischen Kommunikationsformen	35
5.4.1.1.	Musiksponsoring und Werbung	36
5.4.1.2.	Musiksponsoring und Öffentlichkeitsarbeit	38
5.4.1.3.	Musiksponsoring und Verkaufsförderung	41
5.4.1.4.	Musiksponsoring und persönlicher Verkauf	43
5.4.2.	Integration mit innovativen Kommunikationsformen	44
5.4.2.1.	Musiksponsoring und Direct Marketing	44
5.4.2.2.	Musiksponsoring und Product Placement	45
5.4.2.3.	Musiksponsoring im Sponsoring-Mix	48
6.	Formen und Maßnahmen des Musiksponsorings	52
6.1.	Sponsoring von Musikveranstaltungen	52
6.1.1.	Sponsoring von Einzelveranstaltungen	54
6.1.1.1.	Titel-Sponsoring	55

6.1.1.2.	Presenting	55
6.1.1.3.	Co-Sponsoring	56
6.1.1.4.	Prädikat-Sponsoring	57
6.1.2.	Ausrichtung eigener Veranstaltungen	58
6.1.3.	Tourneen-Sponsoring	59
6.2.	Sponsoring von Musikgruppen/Solisten	60
6.3.	Sponsoring von musikbezogenen Organisationen	63
6.3.1.	Sponsoring von Musikschulen	64
6.3.2.	Sponsoring von Opernhäusern	65
6.4.	Sponsoring von Musikwettbewerben	66
6.5.	Sponsoring von Musikproduktionen	68
6.6.	Sponsoring von Sendungen im Fernsehen und Hörfunk	70
6.6.1.	Sponsoring von Musiksendungen im Fernsehen	71
6.6.2.	Sponsoring von Musiksendungen im Hörfunk	73
7.	Leitsätze des Musiksponsorings	74
7.1.	Langfristiger Einsatz des Musiksponsorings	75
7.2.	Sensibles Vorgehen bei der Auswahl von Musiksponsorships	75
7.3.	Musiksponsoring im Interesse der Partner	76
7.4.	Vertragsrechtliche Regelungen von Musiksponsorships	78
7.5.	Dezentes Musiksponsoring	79
8.	Effizienzbestimmung von Musiksponsoring-Maßnahmen	80
8.1.	Fixierung des Musiksponsoring-Budgets	81
8.2.	Durchführung der Musiksponsoring-Kontrolle	82
8.2.1.	Analyse der momentanen Kommunikationswirkung	85
8.2.2.	Analyse der dauerhaften Kommunikationswirkung	90
8.2.3.	Ansatz für eine Kosten-Nutzen-Analyse	91
9.	Realisierung von Musiksponsorships	92
9.1.	Unternehmensinterne Realisierung	92
9.2.	Realisierung in Zusammenarbeit mit einer Sponsoring-Agentur	93
10.	Ausgewählte Fallbeispiele	94
10.1.	Musiksponsoring einer Unternehmerinitiative	95
10.1.1.	Initiativkreis Ruhrgebiet	96
10.1.2.	Klavier-Festival Ruhr	96
10.2.	Musiksponsoring aus der Sicht von Veranstaltern	98
10.2.1.	Brandenburgische Sommerkonzerte	98
10.2.1.1.	Hauptsponsoren	100
10.2.1.2.	(Co-)Sponsoren und Förderer	100

10.2.1.3.	Patronate und Sonderkonzerte	101
10.2.2.	Problem der starken Festival-Konkurrenz	101
10.2.3.	Musik Kreativ	102
10.2.3.1.	Agentur: Kienow & Partner	103
10.2.3.2.	Träger: VdM Verband deutscher Musikschulen e.V.	104
10.2.3.3.	Sponsor: Vereinte Versicherungen	105
10.3.	Musiksponsoring einzelner Unternehmen	106
10.3.1.	Musiksponsoring bei der Stadtsparkasse Köln	106
10.3.1.1.	Musikwettbewerb Rock de Cologne	107
10.3.1.1.1.	Planungsphase und Anfangskommunikation	108
10.3.1.1.2.	Auswahlverfahren	108
10.3.1.1.3.	Tonträger-Produktion	109
10.3.1.1.4.	Rock de Cologne-Festival	109
10.3.1.2.	Musikwettbewerb "Jugend musiziert"	111
10.3.2.	Musiksponsoring bei der Audi AG	111
10.3.2.1.	Musiksponsoring als Bestandteil der Unternehmenskultur	112
10.3.2.2.	Standortorientiertes Musiksponsoring	113
10.3.2.3.	Musikförderung durch den Audi Kulturfonds	117
10.3.2.4.	Standortungebundenes Musiksponsoring	118
10.3.3.	Musiksponsoring bei der deutschen Coca-Cola Organisation	120
10.3.3.1.	Tourneen-Sponsoring	121
10.3.3.1.1.	Tour Promotions	123
10.3.3.1.2.	Field Promotions	125
10.3.3.2.	TV- und Hörfunk-Sponsoring	126
10.3.3.3.	Integriertes "Coca-Cola is the music"-Programm	126
11.	Schlußbetrachtung	130
Literaturverzeichnis		131

1. Einleitung

Sponsoring liegt im Trend! Als Below-the-line-Maßnahme nutzen in Deutschland inzwischen gut die Hälfte aller Groß- und mittelständischen Unternehmen Sponsoring, um die Freizeitgestaltung exakt definierter Zielgruppen in die Kommunikationspolitik einzubeziehen und auf diese Weise eine positive erlebnisorientierte Kommunikation zu betreiben. In den kommenden Jahren ist mit einem weiteren dynamischen Wachstum des Sponsorings zu rechnen, wobei weitere Verschiebungen im Sponsoring-Mix zu erwarten sind. Eindeutig favorisiert wird bislang das Sportsponsoring. Aufgrund der hohen Multiplikatorwirkung über die Medien kommt dem Sport eine hohe Attraktivität zu. Gemessen an den gesamten Sponsoringaufwendungen entfallen zwei Drittel auf diesen Bereich. Das sind bei schätzungsweise 2,35 Milliarden DM Gesamtaufwand etwa 1,5 Milliarden DM für Sportsponsoring. Trotz einer 1992 errechneten Zuwachsrate von 7 % im Sportsektor zeichnet sich heute bereits eine Sättigung in bestimmten Bereichen des Sportsponsorings ab. Der Sport als wichtigste Freizeitbeschäftigung vergangener Jahre wird mehr und mehr von der Kultur verdrängt. Die Entwicklung pro Kultur zeugte Begriffe wie "Freizeit als Kulturzeit", "Kultursommer", "Kultur als Standortfaktor", "Kulturtourismus" oder "Kulturachse der Neunziger", die zeigen, daß Kultur ein wesentlicher Wirtschaftsfaktor in unserer Gesellschaft ist.

Für den gesamten Bereich des Kultursponsorings wurde 1992 bereits eine Zuwachsrate von etwa 22 % errechnet. Gefördert werden vor allem die Bereiche Musik, bildende Kunst, Theater, Film, Literatur sowie Heimat- und Brauchtumspflege, die als integrative Bestandteile des kulturellen Selbstbewußtseins in unserer Gesellschaft einen hohen Stellenwert genießen. Um die Wirkungschancen des Kultursponsorings in Zukunft weiterhin steigern zu können, ist eine separate Betrachtung der einzelnen Sponsoringarten mit ihren spezifischen Besonderheiten unumgänglich. Zum Aufbau und Ausbau kommunikativer Wettbewerbsziele kommt hier dem Musiksponsoring in besonderem Maße wachsende Bedeutung zu.

Professionelles Kommunikationsmanagement ist von der Öffnung der Unternehmen durch aktive und dialogorientierte Kommunikation ebenso geprägt wie durch die intensive Integration der internen und externen Kommunikation im Marketing-Mix. Vor allem die Bedingungen der externen Kommunikation haben sich in den letzten Jahren erheblich erschwert, wozu verschiedene Komponenten beitragen. In einigen Branchen (Tabakwaren, Alkoholika) stehen Unternehmen zunehmend rechtlichen Werbebeschränkungen gegenüber. Zudem wächst durch die steigende Medienvielfalt die Reiz- und Informationsüberflutung ständig an.

Von der Fülle an angebotenen und verfügbaren Informationen nimmt der Empfänger bzw. Konsument nur wenige auf, um Kaufentscheidungen zu fällen. Je nach Medium (Rundfunk, Fernsehen, Printmedien) schwankt die Informationsüberlastung zwischen 92 % und 99 % (vgl. Kroeber-Riel 1988, S. 182).

Viele der am Markt angebotenen Produkte lassen sich kaum noch objektiv unterscheiden und sind somit austauschbar geworden, was dazu führt, daß der Konsument die Informationen über die Qualitäten des Angebots als relativ trivial empfindet. Bei zunehmender Homogenität der Produkte verschärft sich der Wettbewerb im Zuge einer verstärkten internationalen Konkurrenz weiter. Eine in bestimmten Wirtschaftsbereichen zu erkennende Gleichartigkeit des kommunikativen Auftritts (z. B. bei Brauereien) trägt deshalb nicht unbedingt zur Aufnahme von Werbebotschaften bei.

Infolge eines verstärkten Kommunikationswettbewerbs steigen zudem die Mediakosten der klassischen Werbeträger bei gleichzeitiger Abnahme der Werbewirkung. Vor allem die TV-Werbung stößt zunehmend auf Akzeptanzprobleme. Das BAT-Freizeit-Forschungsinstitut ermittelte in einer Studie, daß 84 % aller Frauen und 66 % der Männer als Fernsehzuschauer beim Erscheinen von TV-Werbung zappen. Sie sind geistig oder physisch abwesend oder schalten bei einer Werbeeinblendung auf ein anderes Programm um. TV-Werbung löst bei vielen Konsumenten "psychische Barrieren" aus, die zur Reaktanz der Werbebotschaft führen, das heißt die Aufnahme der Werbung wird von potentiellen Kunden systematisch verweigert (vgl. Opaschowski 1992, S. 13 ff.). Zu den wirtschaftlich interessanten Zielgruppen, die über die klassischen Kommunikationsformen nur schwer zu erreichen sind, zählen vor allem junge Leute, kulturinteressierte Bildungsbürger, Akademiker, Lifestyle- oder Szene-Typen. Der Einsatz des Musiksponsorings bietet, sofern selbständig und unternehmensindividuell erarbeitet, vielfältige Möglichkeiten und Formen, um ein Unternehmen bzw. eine Marke unabhängig von wirtschaftlichen Leistungsprozessen im Bewußtsein dieser und anderer relevanter Zielgruppen zu verankern und zu profilieren.

Ausgehend von einer ganzheitlichen Zielsetzung auf der Basis der Corporate bzw. Brand Identity kann Musiksponsoring zur Einführung, Stärkung bzw. Verbesserung des Unternehmens- bzw. Markenimages beitragen, das mehr und mehr zu einem kaufentscheidenden Faktor geworden ist. Zur Prägung eines widerspruchsfreien und glaubwürdigen Unternehmens- bzw. Markenbildes ist Musiksponsoring optimal auf die verschiedenen Aktivitäten der Unternehmenskommunikation abzustimmen. Die Bandbreite der Einsatzmöglichkeiten reicht vom Sponsoring von Musikveranstaltungen und der Unterstützung von Solisten oder Gruppen über das Sponsoring von musikbezogenen Organisationen bis hin zur

Förderung von Wettbewerben oder Tonträgerproduktionen und den Möglichkeiten des TV- und Hörfunk-Programm-Sponsoring. Ob ein allgemein als konservativ geltendes Unternehmen den Zugang zur Jugend über die Rockmusik sucht, ob ein Sponsor weitgehend unbekannte Musikrichtungen präsentiert und versucht alte, längst vergessene Musikstile wieder aufleben zu lassen oder ob die Musik als Sprache und Brücke zu weiteren gesellschaftsrelevanten Betätigungsfeldern genutzt wird: Musik kann Inspirator für neue Ideen und Lösungen sein!

2. Vom Musik-Mäzenenatentum zum Musik-Sponsoring

Die Förderung und Unterstützung der Musik hat eine lange Tradition, die ihren Ursprung im klassischen Mäzenatentum findet, dessen Stammvater der Römer Gaius Clinius Maecenas (70 - 8 v. Chr.) ist, der als reicher Grundbesitzer unter anderem die Dichter Horaz, Vergil und Properz aus idealistischen und altruistischen Motiven unterstützte. Aus der Geschichte sind zahlreiche Beispiele des Musik-Mäzenatentums bekannt. Im Mittelalter, als die Musiker eher ein Dasein als Dekorateure der Herzöge, Fürsten, Grafen oder Kaiser fristeten, hatte beispielsweise Walther von der Vogelweide (um 1170 - ca. 1230) als Minnesänger in Friedrich II. von Hohenstaufen (1194 - 1250) einen großen Gönner und Förderer (vgl. Daweke/Schneider 1986, S. 7). Das Zeitalter des Barocks war durch eine enge Verbindung zwischen Mäzenen und Komponisten bzw. Musiker geprägt. Die Mäzene erteilten den Künstlern Aufträge und gaben Anregungen, wodurch das musikalische Schaffen oftmals erst in Gang gesetzt wurde. Sie versuchten (größtenteils) den Künstlern optimale Lebens- und Arbeitsvoraussetzungen zu schaffen und waren Teil des kreativen Prozesses. Als ein herausragendes Beispiel für das Musik-Mäzenatentum jener Zeit gilt die Förderung von Johann Sebastian Bach (1685 - 1750), der im Jahre 1741 von dem damaligen Reichsgrafen Hermann Carl von Keyserlingk (1696 - 1764) gebeten wurde, für dessen 14jährigen Musikpagen namens Goldberg einige Musikstücke zu komponieren, womit der Junge die schlaflosen Nächte des Grafen erheitern sollte. Bach komponierte die Goldberg-Variationen (vgl. Hirschfeld 1968, S. 295 f.). Der Mäzen der damaligen Zeit war zudem ein im höchsten Maße Kundiger. So unterstützte beispielsweise Fürst Carl von Lichnowsky (1756 - 1814), der selber Schüler von Wolfgang Amadeus Mozart (1756 - 1791) war, zusammen mit seiner Gemahlin Marie Christine (1765 - 1841) Ludwig van Beethoven (1770 - 1827) sowohl materiell als auch "atmosphärisch" in großzügiger Art und Weise (vgl. Reinecke 1988, S. 19). Völlig uneigennützig förderte wohl keiner der Mäzene. Vielmehr wurde ihnen als "Diener der Kunst" infolge der engen Beziehung zum

Künstler die Teilnahme an einer Symbolwelt gewährt, durch die sie in ihrem sozialen Umfeld profitieren konnten.

In der heutigen Zeit gibt es den Mäzen klassischer Prägung kaum noch. In Deutschland übernehmen teilweise Stiftungen die Aufgaben der Mäzene, indem sie ihren erklärten Zweck aus den jeweiligen Erträgen ihres Stiftungsvermögens erfüllen. Stiftungen, die ausschließlich der Kulturförderung dienen, gibt es relativ wenig. Im Bereich der Musik engagiert sich beispielsweise die 1977 von Ignes Ponto, der Witwe des damaligen Vorstandsvorsitzenden der Dresdner Bank, gegründeten Jürgen-Ponto-Stiftung für die Förderung des künstlerischen Nachwuchses in der Bundesrepublik. Die Stiftung fördert äußerst begabte Musiker, vergibt Stipendien und bietet jungen Künstlern im Rahmen eigens aufgestellter Förderungsprogramme Rahmenbedingungen, die der optimalen Entfaltung künstlerischer Kreativität von Nutzen sind, ohne ihr Engagement für sich oder die Dresdner Bank kommunikativ zu nutzen (vgl. Roth 1989, S. 38). Eine Weiterentwicklung des Mäzenatentums stellt in Deutschland das Spendenwesen dar, womit die freigiebige Gabe finanzieller Mittel von Individuen oder Unternehmen "im Bewußtsein ihrer gesellschaftlichen Verantwortung" umschrieben ist (Bruhn 1991, S. 18). Zahlreiche gemeinnützige Organisationen erhalten auf diese Weise finanzielle Unterstützung.

Vom (Musik-)Mäzenatentum und Spendenwesen ist das (Musik-)Sponsoring abzugrenzen, das grundsätzlich das Prinzip Leistung und Gegenleistung einbindet, letzteres in Form von Kommunikationsnutzen für ein Unternehmen. Aus betriebswirtschaftlicher Sicht ist eine Abgrenzung schon aufgrund der unterschiedlichen Budgetzuordnung von Interesse. Beim Spendenwesen wird der entsprechende Spendenetat eines Unternehmens angesprochen, beim Sponsoring hingegen der Werbe- oder Public-Relations-Etat, was bei der Ermittlung der steuerlichen Anrechenbarkeit von Bedeutung ist (vgl. Bruhn/Mehlinger 1992, S. 95 ff.).

Musiksponsoring ist
- die systematische Planung, Organisation, Durchführung und Kontrolle sämtlicher Aktivitäten,
- die mit der Bereitstellung von Geld, Sachmitteln und/oder Dienstleistungen durch ein Unternehmen
- zur Förderung von bestimmten Künstlern, kultureller Gruppen, Institutionen oder Projekten aus dem Bereich der Musik verbunden sind,
- um damit gleichzeitig Ziele der externen und/oder internen Unternehmenskommunikation zu erreichen (vgl. Bruhn 1991, S. 206, Püttmann 1989a, S. 219).

Zwischen Sponsor und Gesponserten sind die konkreten Leistungen und Gegenleistungen vertraglich festzulegen. Dies schließt das Motiv der Musikförderung nach mäzenatischem Vorbild nicht aus. Für Unternehmen, die in erster Linie als Förderer der Kunst bzw. Musik gelten möchten und das Werbemotiv nicht als auslösenden Faktor ihres Engagements ansehen, wurde die Bezeichnung "mäzenatische Sponsoren" eingeführt (Bruhn 1991, S. 24, Fischer 1988, S. 72). Beispielsweise möchte sich BMW mit seinem umfangreichen Kultur- bzw. Musik-Engagement nicht als Sponsor verstanden wissen. Heidi Gottstein von der Public Relations-Abteilung bei BMW wies jedoch gleichzeitig darauf hin, daß das Unternehmen sich ebensowenig als Mäzen bezeichnet (vgl. Gottstein 1989). Da Unternehmen wie BMW aufgrund ihres Auftritts in der Öffentlichkeit de facto Sponsoren sind, bleiben im folgenden bei der Präsentation und Erläuterung von Praxisbeispielen solche terminologischen Auslegungen einiger Unternehmen unberücksichtigt.

3. Besonderheiten der Musik und deren Bedeutung für das Sponsoring

Musik nimmt als Ausdrucksform der Kunst in unserer Kultur eine Sonderstellung ein, denn Musik spielt im Leben eines jeden Menschen eine Rolle, wenn auch mit unterschiedlicher Intensität. Sie gilt als Sprache aller Menschen und verbindet Rassen und Völker. Die Eigenschaften der Musik umschreibt Hans Heinrich Eggebrecht wie folgt (Eggebrecht 1986, S. 8): Musik besitzt "die Fähigkeit des Ausdrückens von Emotionen ... - Emotionen im Sinne von seelischer Erregung, Gemüts- oder Gefühlsbewegung, Affekt, Stimmung, leib-seelische Befindlichkeit, die sich mitteilt, indem sie sich entäußert .... Darin, in ihrem emotionalen Wesen, gründet die Sonderstellung der Musik: sie deckt am meisten, am direktesten innerhalb der Künste das existentielle Reich der Emotionen ab, und dies schon als gestaltete Tonfolge, als gesungene oder gespielte Melodie, vom schlichten Lied bis zum exzentrischen Jazzgesang, vom Thema einer Sinfonie bis zum Schlagerrefrain oder zum Leitmotiv einer Filmmusik. Als tönende Emotion entspricht die Musik einem Grundbedürfnis des Menschen, aller Menschen".

Zur Positionierung eines Unternehmens oder Markenartikels im weiteren Sinne in einer emotionalen Erlebniswelt kann der Einsatz des Musiksponsorings eine effiziente Maßnahme sein. Von vielen Verfassern wird Musiksponsoring dem Kultursponsoring zugeordnet (vgl. u. a. Bruhn 1991, S. 210, Hermanns/Drees 1987, S. 10 ff.). Friedrich Loock weist darauf hin, daß die Kunst lediglich ein Subfaktor der Kultur ist, da der Begriff "Kultur" jegliche Lebensäußerung eines Volkes subsumiert und spricht daher von Kunstsponsoring (vgl. Loock 1988, S. 22).

Ungeachtet derartiger definitorischer Interpretationen soll Musiksponsoring hier als eigenständiger Sponsoringbereich gelten.

Die Richtlinien der GEMA differenzieren Musik in zwei Segmente, zum einen in die sogenannte E-Musik (= Ernste Musik; zum Beispiel klassische und neue Musik, die als Sinfonie oder Werk der Tradition klassischer Musik verbunden ist) und zum anderen in die sogenannte U-Musik (= Unterhaltungsmusik; zum Beispiel Jazz, Pop- und Rockmusik). Arnold Hermanns und Michael Püttmann wählen diesen Unterscheidungs- und Abgrenzungsansatz, der nur im deutschen Sprachgebrauch üblich ist und unter musikwissenschaftlichen Aspekten eine bedeutsame Frage darstellt, als Ausgangspunkt für ihre Abhandlungen zum Thema Musiksponsoring (vgl. Hermanns/Püttmann 1989a, S. 280, 1989b, S. 260, Püttmann 1989a, S. 221, 1991b, S. 26 ff.). In Anlehnung an diesen Ansatz versuchen viele Unternehmen, ihre Sponsoring-Philosophie im Bereich Musik zu begründen. In dieser Abgrenzung liegt jedoch zum einen die Gefahr, daß im Zuge einer derartigen pauschalen Differenzierung E-Musik als wertvoll und U-Musik als minderwertig angesehen wird. Zum anderen wird von einigen Akteuren und Künstlern der Sprung bzw. Wechsel von einer zur anderen Musikrichtung übergangslos vollzogen. Folgende Künstler sollen hier beispielhaft genannt werden:

- Peter Hofmann, einmal Wagner-Tenor bei den Bayreuther Festspielen, dann Interpret von Songs der Rockmusik mit klassischen Elementen.

- Tenor Luciano Pavarotti, den 'Der Spiegel' 1992 als den "populärsten Gesangsstar der Klassikszene" titulierte, schafft es "mit Bravour über den Graben zwischen E-, der angeblich ernsten, und U-, der vermeintlich unterhaltsamen, Musik" zu grätschen. "Er verknüpft die Sangesfreude über alle Alters-, Sozial- und Landesgrenzen hinweg zu einer globalen Seilschaft. Sein Stimmbezirk ist überall" (o.V. 1992a, S. 202 f.).

- Geigenvirtuose Nigel Kennedy verkaufte weltweit 1,5 Millionen Tonträger von seiner Interpretation der "Vier Jahreszeiten" von Antonio Vivaldi - davon alleine in Deutschland über eine Viertelmillion Exemplare. Für die Klassik-Szene sind dies, was die Verkaufszahlen betrifft, sensationelle Zahlen. Mit seiner Band tourte Kennedy durch Europa und präsentierte dem Publikum neben Stücken klassischer Prägung Jazz und Rock á la Jimi Hendrix. Seine 1993 erscheinende CD: "Nigel Kennedy plays Jazz".

Zahlreiche musikalische Veranstaltungen, musikbezogene Organisationen, Institutionen etc. lassen sich ebensowenig in ein zweidimensionales Schema einordnen. Zwei Beispiele:

- Ein Mehrsparten-Musiktheater, das sowohl für Oper und Ballett als auch für Operette und Musical zuständig ist, läßt sich weder definitiv der E- noch der U-Musik zuordnen, vielmehr sind beide Musikformen Teil der Darbietungen.

- Die Initiative Musik Kreativ (siehe Kapitel 10.2.3.) trägt mit ihrem Konzept zur Überwindung der einfältigen Trennung zwischen E- und U-Musik bei und macht sie für dieses Projekt unwirksam.

Hermanns und Püttmann sprechen der E-Musik ein begrenztes Publikum zu (vgl. Hermanns/Püttmann 1989a, S. 280, 1989b, S. 260, Püttmann 1989a, S. 221). Gerade die Beispiele Pavarotti und Kennedy zeigen, daß bezüglich der E-Musik nicht generell von einem begrenzten Publikum gesprochen werden darf. Vielmehr ist zu bedenken, daß auch die U-Musik, aufgrund einer unübersehbaren Anzahl von Ausprägungen und Gesichter, teilweise nur ein kleines Publikum anspricht. Aufgrund der dargelegten Überlegungen erscheint es wenig sinnvoll, eine Sponsoring-Philosophie nach Kriterien der E- und U-Musik zu erläutern.

3.1. Ausprägungen der Musik

Das musikalische Angebot ist außerordentlich vielseitig und umfangreich. Folgende Auswahl musikalischer Genres soll als Richtlinie für Musikbereiche dienen, in denen Sponsoring seinen Einsatz finden kann:

- Klassische und Zeitgenössische Musik,
- Opern-, Operetten-, Musical-, Ballettmusik (Musiktheater),
- Jazz,
- Pop- und Rockmusik,
- Schlager,
- Volksmusik,
- Sonstiges (Folk music, Chanson, Vokal- und Kirchenmusik, Elektronische Musik, Experimentelle Musik etc.).

Einige Musikformen verschmelzen bei einer Live-Präsentation von Künstlern zu einer Mischung aus Ton- und darstellender Kunst (zum Beispiel Musiktheater).

Die dargelegte Auswahl läßt die wesentlich kompliziertere Realität musikalischer Ausprägungen und Interessen noch weitgehend unberücksichtigt. Schon die Begriffe Pop- und Rockmusik sind für die Zuordnung musikalischer Stile mehrdeutig und somit ungenau. Da im alltäglichen Sprachgebrauch Popmusik üblicherweise mit populärer tanzbarer Musik in Verbindung gebracht wird, sollen hierunter auch Genres wie Techno, Dancefloor, Rap und Hip Hop verstanden werden. Rockmusik umfaßt angefangen von Rock'n'Roll über Soft Rock, Heavy Metal und Punk bis hin zum Grunge verschiedene Musikstile mit den unterschiedlichsten Facetten. Da die Grenzen zwischen Pop- und Rockmusik häufig fließend sind, werden der Einfachheit halber beide Begriffe im folgenden zusammengefaßt, wobei zu beachten ist, daß zum Teil bestimmte Genres der Pop- und Rockmusik von eigenen Lebensstilen geprägt sind. Auch beim Jazz bestehen beispielsweise zwischen Hörern von zeitgenössischem und denen von Mainstream Jazz gravierende, zum Teil erhebliche weltanschauliche Gruppendifferenzen.

Der Grad des Interesses einer Gesellschaft an bestimmten musikalischen Genres kann als im Zeitablauf wandelbar und von Kultur zu Kultur unterschiedlich ausgeprägt eingeschätzt werden. Dies äußert sich in einem differenten Kontext aufgrund unterschiedlich motivierter Teilgruppen. Hohe Einschaltquoten bei bestimmten Musiksendungen im Rundfunk lassen beispielsweise keinen Rückschluß auf Verkaufszahlen von Musikproduktionen zu. Während im Fernsehen und im Hörfunk die Präsenz von Schlagern und Volksmusik stark ausgeprägt ist, dominiert bei den Käufen von Musikproduktionen internationale Pop- und Rockmusik. Musikrichtungen wie Oper, klassische Musik oder Jazz, die als Minderheiten-Angebote im Fernsehen und Hörfunk unterrepräsentiert sind, finden bei Konzerten bzw. Veranstaltungen einen bemerkenswerten Zuspruch. Wird aktiv Musik gespielt oder gesungen, liegen die Präferenzen wieder anders. Favorisiert wird hier unter anderem Kirchen- bzw. allgemein Chormusik (vgl. Fohrbeck/ Wiesand 1982, S. 69). Das Interesse einer Gesellschaft bzw. deren Teilgruppen an bestimmten musikalischen Genres läßt allerdings noch keinen Rückschluß auf das Interesse an bestimmten Künstlern und deren Werke zu, die einer bevorzugten Musikrichtung angehören. Es bedarf keiner Erklärung, daß ein Sponsorship nur dann Effizienz erfahren kann, wenn zumindest Teile der Öffentlichkeit dem Künstler, der Musikgruppe oder der musikbezogenen Organisation Präferenzen zusprechen, zumindest aber Interesse für das musikalische Schaffen des Gesponserten aufbringen. Das öffentliche Interesse ist um so größer einzuschätzen, je höher Künstler aufgrund ihres musikalischen Schaffens leistungsmäßig einzustufen sind.

3.1.1. Leistungsklassen der Gesponserten

Musiksponsoring kann seinen Einsatz im wesentlichen auf drei verschiedenen Leistungsebenen finden. Die Zuordnung der Künstler erfolgt entsprechend der jeweiligen musikalischen Fähigkeiten und/oder der Bekanntheit der Akteure (vgl. Bruhn 1991, S. 42 f., Hanrieder 1989, S. 129 f.). Der unteren Ebene, die als Breitenebene bezeichnet werden kann, gehören Non-Professionals an, für die das Musizieren reine Freizeitgestaltung ist. Auf dieser Ebene beginnt bereits die Selektion des talentierten Nachwuchses. Infolge von Maßnahmen im Rahmen der Nachwuchsförderung wird häufig ein Wettbewerbscharakter initiiert, der zur Professionalisierung der Akteure führt. Bei einigen Chören, Nachwuchs-Jazzbands oder Independentgruppen vollzieht sich bereits der Übergang zur Leistungsebene, der Künstler bzw. Musiker zugeordnet werden können, die in Form von öffentlichen Veranstaltungen von einem breiten Publikum akzeptiert werden, deren Bekanntheitsgrad in der Bevölkerung jedoch allgemein als prozentual niedrig eingeschätzt werden kann. Der obersten Ebene, der Spitzenebene, können sogenannte Top-Professionals zugerechnet werden, die nach Meinung der Öffentlichkeit musikalische Spitzenleistungen erbringen und einen hohen Marktwert besitzen. Zu dieser Gruppe zählen Stars mit einem hohen Bekanntheitsgrad.

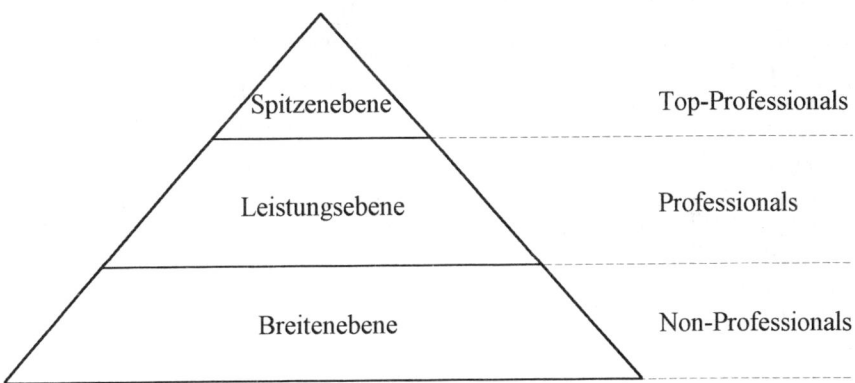

Abbildung 1: Leistungsklassen der Musikakteure

Entsprechend der dargelegten Einteilungskriterien von Musikakteuren sind sowohl die Wirkungschancen von Sponsorships als auch die Budgetaufwendungen zu sehen. So wird sich das Wirkungspotential des Sponsorings mit steigender Professionalität und Bekanntheit von Künstlern erhöhen. Hierbei ist zu berücksichtigen, daß Akteure der Spitzenebene im Zuge eines Sponsorship als "konkrete Leitbilder" definiert werden können, die kurz- oder langfristig wandelbar sind. Dem Mechanismus der kurzfristigen Wandelbarkeit unterliegen insbesondere Interpreten der Pop- und Rockmusik sowie des Schlagers. In diesen Musikbereichen steigt die Zahl der Künstler, die sich zwar einmal als erfolgreich erweisen, aber daran scheitern, mit einem zweiten Hit ihren Erfolg und damit ihre Zugehörigkeit zur Spitzenebene zu bestätigen. Diesbezüglich gilt es eine Spürnase zu entwickeln, um Flops zu vermeiden. Negative Erfahrungen sammelte beispielsweise der Haarpflegemittelhersteller Wella und das junge Mode verkaufende Einzelhandelsunternehmen Sasch, die eine völlig erfolglose Tournee von Nena sponserten (vgl. Püttmann 1989a, S. 229, 1989b, S. 33), die zuvor in der Bundesrepublik und sogar in den USA sehr erfolgreich war.

3.1.2. Reichweite des Musiksponsorings

Die Reichweite des Musiksponsorings kann definiert werden durch die Anzahl bzw. den Anteil der Personen, die im Zuge eines Sponsorship einmal oder mehrmals mit einer Sponsoring-Botschaft in Kontakt kommen. Angesprochen ist hier die quantitative und räumliche Reichweite eines Sponsorship (vgl. Nieschlag/ Dichtl/Hörschgen 1991, S. 530). Musiksponsoring kann Teil einer globalen bzw. international ausgerichteten Kommunikationsstrategie, aber auch "auf die Belange eines nationalen, regionalen oder lokalen Markt zugeschnitten sein" (Hermanns/ Püttmann 1989a, S. 280). Im allgemeinen wird mit der Wahl der Leistungsklasse, der ein Gesponserter angehört, der Rahmen für die Reichweite eines Sponsorship bestimmt. Es ist zu erwarten, daß Sponsoring-Maßnahmen um so mehr Aufmerksamkeit erfahren, je höher der Bekanntheitsgrad und die leistungsmäßige Einstufung der Gesponserten ist. Werden Künstler der Leistungsebene gesponsert, ist hinsichtlich der zu erwartenden Reichweite zu bedenken, daß der Bekanntheits- und Beliebtheitsgrad von Künstlern unter Umständen regional hoch, gleichwohl aber national niedrig sein kann.

Im Bereich der Pop- und Rockmusik sind für die Bundesrepublik weitere einschränkende Besonderheiten im Hinblick auf die zu erwartende Reichweite zu berücksichtigen. Zur Zeit grenzen Stars bei der Terminierung ihrer Konzerttourneen die neuen Bundesländer noch weitgehend aus. Dies ist unter anderem auf die mangelnde Kaufbereitschaft von Karten mit Preisen auf westdeutschem Niveau sowie auf eine relativ geringe Anzahl an Konzerthallen mit entsprechenden Kapazitäten zurückzuführen.

Musik gilt allgemein als die einzige Ausdrucksform, die auf der ganzen Welt verstanden wird, die das höchstmögliche Niveau an Internationalisierung verkörpert und keine Grenzen kennt. Künstler bzw. Musiker der Spitzenebene geben infolge europa- oder weltweiter Erfolge international zahlreiche Konzerte bzw. Aufführungen. Ein international ausgerichtetes Musiksponsoring eröffnet hier die Möglichkeit, ein Unternehmen bzw. eine Marke in einer international gültigen Erlebniswelt zu positionieren sowie vorhandene kulturelle und sprachliche Unterschiede kommunikativ zu überwinden. Dieser Aspekt ist in Anbetracht des Europäischen Binnenmarktes von gesteigertem Interesse, der kleinere, bisher wenig attraktive, nationale Segmente europaweit zu wirtschaftlich interessanten Zielgruppen vereinigt (vgl. Zuberbier 1989, S. 156). Ein weltweites Engagement kann jedoch trotz vorhandener internationaler Anerkennung des Gesponserten aufgrund bestimmter bestehender kultureller Werte und Normen einzelner Völker oder deren Staaten auf Barrieren stoßen. Dies gilt insbesondere für die Pop- und Rockmusik, der Staats- und Kulturfunktionäre nicht immer freundlich gesinnt sind. In China wird Rockmusik beispielsweise als eine aus dem Westen importierte politisch-progressive Kunstform verstanden, die von offizieller Seite zwar zeitweilig geduldet wird, aber weitgehend der Zensur unterliegt. In Israel verärgerten gesponserte Konzerte von Akteuren der Pop- und Rockmusik religiös motivierte Rabbis. Sie drohten mit Entzug des Koscher-Siegels für alle Produkte des Sponsors, was letztlich einem Boykott mit hohen finanziellen Einbußen gleichkommt.

3.2. Zielgruppen der Gesponserten

Die skizzierten Besonderheiten der Musik sind für Überlegungen hinsichtlich der Zielgruppenplanung von Wichtigkeit, die für die Entwicklung einer Sponsoring-Strategie eine entscheidende Bedeutung darstellt. Um Streuverluste zu vermeiden, sollte sichergestellt sein, daß zwischen der Zielgruppe des Sponsors und der des Gesponserten eine **Zielgruppenaffinität** besteht (vgl. Bruhn 1989b, S. 19). Die unternehmensbezogenen Zielgruppen (aktuelle und potentielle Kunden, Meinungsbildner, Mitarbeiter etc.), die mit Hilfe von verschiedenen kommunikativen Maßnahmen angesprochen werden, sind meist infolge eigener Marktforschungsuntersuchungen nach mehr oder weniger verläßlichen Informationen über demographische, psychographische, geographische und verhaltensorientierte Merkmale beschrieben und abgegrenzt.

Es wurde bereits darauf hingewiesen, daß das Interesse an einer oder mehreren Musikrichtung(en) bei vielen Menschen nicht generell mit passivem und/oder aktivem Musikverhalten übereinstimmt. Dies erschwert die Segmentierung der Zielgruppen eines (potentiell) Gesponserten nach verschiedenen Kriterien als Synonym der Botschaftsempfänger. Eine von Rainer Dollase, Michael Rüsenberg und Hans J. Stollenwerk durchgeführte Studie zur Ermittlung individueller Beweggründe zum Besuch von Musikveranstaltungen ergab, daß die überwiegende Mehrheit der Konzertbesucher "genre-orientiert" ist, das heißt die Präferenz bei Konzertbesuchern gilt nicht dem einzelnen Künstler, Komponisten oder Interpreten, sondern der jeweiligen Musikform (Dollase/Rüsenberg/Stollenwerk 1985, S. 375). In Anbetracht dieser These können Analysen von Musikpräferenzen zur Manifestierung einer gewünschten Zielgruppenaffinität beitragen. Das Institut für Demoskopie Allensbach führte im Januar 1991 eine Studie durch, die Aufschluß über den Musikgeschmack der Deutschen gibt. Es wurden sowohl ca. 1.000 Personen ab 16 Jahren in den alten als auch in den neuen Bundesländern befragt (vgl. Noelle-Neumann/Köcher 1993, S. 326).

Abbildungen 2 und 3 skizzieren anhand einiger ausgewählter Musikrichtungen geographische Besonderheiten nach den demographischen Kriterien Alter und Geschlecht. Es zeigt sich, daß die internationale Popmusik den Schlüssel zur zahlenmäßig starken Zielgruppe von Jugendlichen und jungen Erwachsenen bildet. Demgegenüber stehen Volksmusik, Operettenmusik und Deutsche Schlager, die Zugang zu Senioren als Zielpersonen verschaffen. Musicals werden mehr von Frauen als von Männern präferiert. Ähnlich dem Musical besteht ein klassik-orientiertes Auditorium sowie das von Schlagern und Volksmusik zumeist aus mehr weiblichen als männlichen Zuhörern. In den neuen Bundesländern sprechen tendenziell mehr Menschen "leicht verdaulicher" Musik Präferenzen zu als in den alten Ländern. So ist die Vorliebe für klassische Musik wie Sinfonien in den alten Bundesländern größer als in den neuen. Harte Rockmusik spricht ebenso wie Jazzmusik lediglich Minderheiten an. Von denen, die Jazzmusik präferieren, sind es vor allem Jugendliche und junge Erwachsene, die sich für zeitgenössischen Jazz interessieren. Demgegenüber ist die Publikumsstruktur im Dixieland und Oldtime-Jazz (Mainstream-Jazz) durchschnittlich älter einzustufen. Wenn sich in der Vergangenheit Jazz als primär männliche Angelegenheit erwiesen hat (vgl. Dollase/Rüsenberg/Stollenwerk 1978, S. 68), so zeigt die Studie des Instituts für Demoskopie Allensbach einen Wandel in der demographischen Struktur. In den neuen Ländern ist der Frauen-Anteil der an modernem Jazz interessierten bereits höher als der Anteil interessierter Männer.

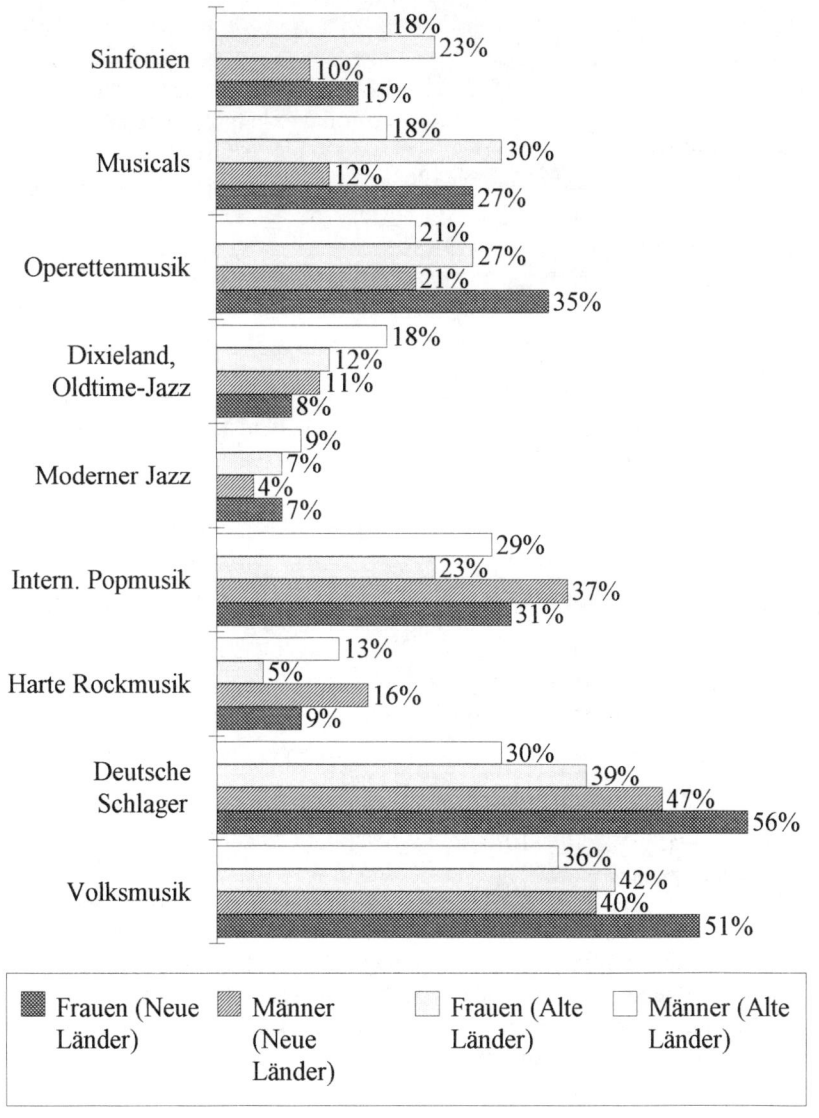

Abbildung 2: Musikgeschmack - Segmentierung nach Geschlecht
(Anhaltswerte; Mehrfachnennungen möglich; hier nur ausgewählte Antwortvorgaben)
(Quelle: Noelle-Neumann/Köcher 1993, S. 326)

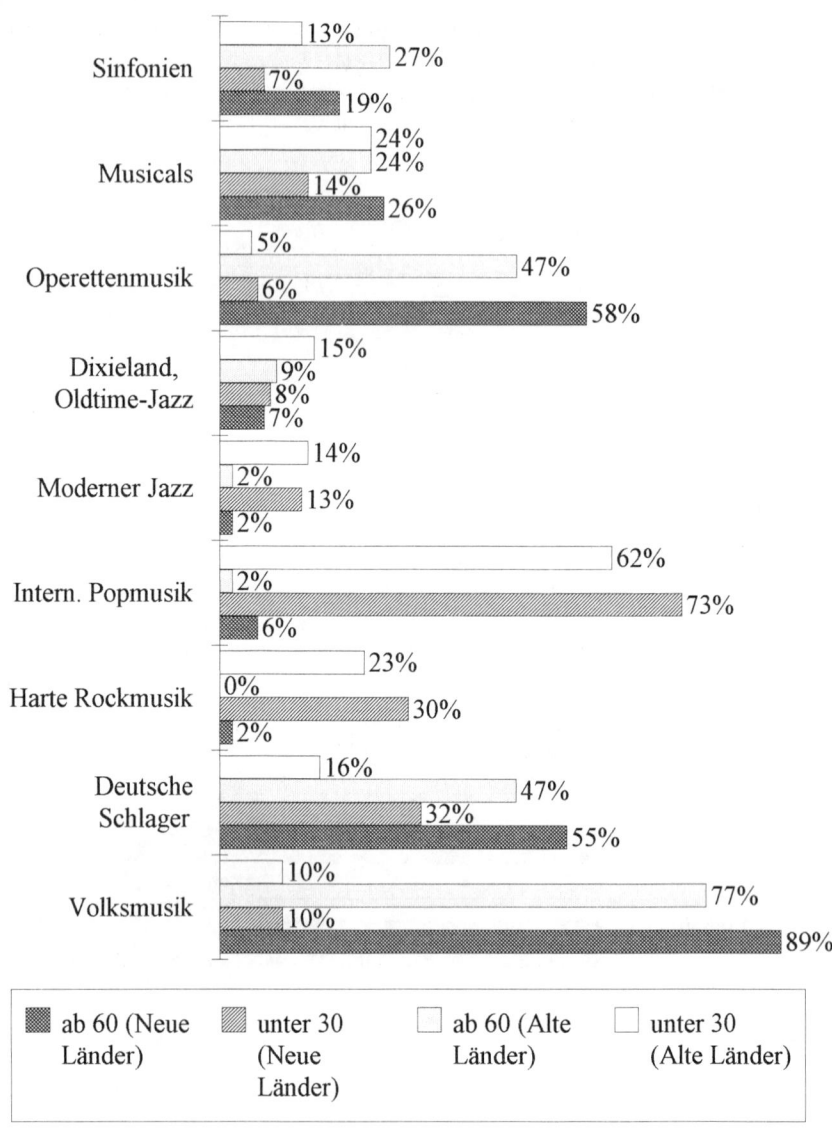

Abbildung 3: Musikgeschmack - Segmentierung nach Alter
(Anhaltswerte; Mehrfachnennungen möglich; hier nur ausgewählte Antwortvorgaben)
(Quelle: Noelle-Neumann/Köcher 1993, S. 326)

Weitere interessante Erkenntnisse hinsichtlich der gewünschten Zielgruppenaffinität können gewonnen werden, indem eine Segmentierung nach verhaltensorientierten Merkmalen in bezug auf Musikpräferenzen vorgenommen wird. Eine derartige Zielgruppen-Analyse führte das Kölner Marktforschungsinstitut Sport + Markt durch. Zwischen den einzelnen Musiksparten ergaben sich in bezug auf Einstellungs- bzw. Verhaltensmuster der Musikinteressierten zum Teil erhebliche Abweichungen. Zwei Beispiele: Befragt nach ihrem Interesse für Tabak und Zigaretten äußerten unter den Opernbesuchern 13 % Interesse, während sich bei den Jazzfreunden 25 % dafür interessierten. Einen erheblichen Unterschied ergab die Analyse hinsichtlich der Einstellung gegenüber Versicherungen. Für 86 % der Popmusikfans sind Versicherungen kein Thema, dagegen äußerte jeder dritte Opernbesucher hierfür sein Interesse (vgl. Hartwig 1993, S. 94). Mit der Festlegung der Zielgruppen für ein in Frage kommendes Sponsorship sind die Ziele zu formulieren, die mittels Musiksponsoring verfolgt werden.

4. Musiksponsoring als Beitrag zur Ausgestaltung der Corporate Identity

Die Ziele für Musiksponsoring lassen sich nicht unmittelbar aus den allgemeinen Marketing- und Werbezielen ableiten. Dies gilt nicht für Unternehmen, die eine direkte Affinität zur Musik besitzen, zum Beispiel Instrumentenhersteller, oder solche, die indirekt mit der Ausübung musikalischer Aktivitäten in Verbindung stehen, zum Beispiel Brauereien oder Softdrinkhersteller im Rahmen einer Veranstaltung. Hier lassen sich zumindest kurzfristig ökonomische Ziele wie Umsatz- oder Absatzsteigerung formulieren und realisieren. In derartigen Fällen zielt Sponsoring auf eine Vernetzung und Integration mit der Verkaufsförderung und dem persönlichen Verkauf ab. Im allgemeinen stehen jedoch eher psychographische Ziele, die nicht in monetären Einheiten meßbar sind, im Vordergrund der Überlegungen für ein Sponsorship. Statistische Erhebungen in Form von "Sponsoring-Barometern" zeigen, daß die Mehrheit sponsernder Unternehmen als Hauptmotiv für den Einsatz des Sponsoring einen Imagetransfer angeben. Darüber hinaus können folgende Zielvorgaben Anlaß für die Entwicklung einer Sponsoring-Strategie sein:

- Erhöhung des Bekanntheitsgrades,
- Verbesserung der Kundenbeziehungen,
- Steigerung der Mitarbeiteridentifikation,
- Dokumentation gesellschaftlicher Verantwortung,
- Standortaufwertung,
- Goodwill.

Letztlich sind mit den genannten psychographischen Zielen Komponenten angesprochen, die in ihrer Gesamtheit das Image eines Unternehmens beeinflussen und mittel- bis langfristig als eine Operationalisierung ökonomischer Ziele angesehen werden können (vgl. Kalweit 1989, S. 412). Die Prägung eines positiven Images wird heute mehr und mehr zur existentiellen Notwendigkeit, um den Erfolg langfristig sichern und festigen zu können.

Zielorientiertes Musiksponsoring kann zur Stabilität, Kreierung oder Verbesserung des Unternehmens- bzw. des Markenimages beitragen. Grundsätzlich gilt es zu prüfen, ob Sponsor und Gesponserter zueinander passen. Denn nur wenn die Sponsor-Partner optimal aufeinander abgestimmt sind, kann es zu einem Imagetransfer kommen, aus dem beide ihren Nutzen ziehen können. Auf diese Weise kann ein Sponsorship Glaubwürdigkeit und Akzeptanz erlangen - wesentliche Komponenten für die Planung und Umsetzung einer erfolgreichen Sponsoring-Strategie. Zunächst ist zu klären, welche Musikrichtung(en) am ehesten dem Selbstverständnis eines Unternehmens entspricht bzw. entsprechen. Den verschiedenen musikalischen Genres mit ihren spezifischen Umfeldern lassen sich unterschiedliche Imagedimensionen zuordnen, die im Zuge eines **Imagetransfers** auf einen Sponsor übertragen werden können. Als Zielvorgaben für das Kultursponsoring allgemein stellen Unternehmen mehrheitlich vier Imagemerkmale in den Vordergrund (vgl. Bruhn/Wieland 1988, S. 23):

- Kompetenz,
- Verantwortung,
- Prestige,
- Exklusivität.

Abbildung 4 soll beispielhaft die Bewertung der unterschiedlichen Musikbereiche nach diesen und weiteren ausgewählten Imagedimensionen aufzeigen. Es handelt sich hierbei um Mutmaßungen, da empirische Daten zur Imagebestimmung einzelner Musikrichtungen kaum vorhanden sind. Dennoch können diese ansatzweise als Richtlinien für (potentielle) Sponsoren gelten, wobei noch einmal die wesentlich kompliziertere Realität musikalischer Ausprägungen angesprochen sei. So sind beispielsweise die unter dem Begriff Pop- und Rockmusik subsumierten Stile Heavy Metal und Hip Hop zwei völlig unterschiedliche Genres, die beide infolge ihrer individuellen und voneinander erheblich abweichenden Kunst- und Darstellungsformen verschiedene Images prägen. Daher empfiehlt es sich vor allem für den Bereich der Pop- und Rockmusik im Einzelfall konkrete Imagedimensionen zu bestimmen. Dies gilt auch für die Musikbereiche, die in Kapitel 3.1. unter dem Begriff "Sonstiges" zusammengefaßt sind.

Musikgattungen \ Imagedimensionen	Kompetenz	Verantwortung	Prestige	Exklusivität	Innovation	Dynamik	Kreativität	Jugendlichkeit	Modernität	Tradition	Kontinuität	Harmonie
Klassische Musik	x	x	x	x						x	x	x
Neue Musik	x	x			x		x					
Oper	x	x	x	x						x	x	x
Operette			x							x	x	x
Ballett				x	x	x	x	x		x		x
Musical				x		x	x	x		x		x
Jazz	x				x	x	x	x				
Pop und Rock					x	x	x	x	x			
Schlager											x	x
Volksmusik										x	x	x

Abbildung 4: Bewertung von Imagedimensionen musikalischer Genres

Wie Abbildung 4 zeigt, haben vor allem Volksmusik und Schlager imagemäßig einen schweren Stand - trotz ihrer Popularität in weiten Teilen der Bevölkerung. Für die meisten Unternehmen scheinen diese Musikformen daher wenig geeignet zu sein, um im Zuge eines Sponsorship eine positive Imagepflege zu betreiben.

Die verschiedenen Genres werden letztlich von Künstlern und/oder Organisationen interpretiert, die als Gesponserte in ihrem spezifischen Umfeld die eigentlichen Imageträger darstellen. Ein (potentieller) Sponsor hat folglich nicht nur die gewählte Musikform, sondern auch die in Frage kommenden Akteure nach ihren individuellen Imagemerkmalen zu überprüfen. Denn nicht nur positive Imagekomponenten können infolge eines erstrebten Imagetransfers übertragen werden, sondern auch negative Attitüden und Leistungen eines Gesponserten können sich divergent auf das Image eines Sponsors auswirken. Werden Einzelkünstler oder Gruppen gesponsert, sind vor allem folgende persönlichkeitsprägende Imagemerkmale zu prüfen (vgl. Hanrieder 1989, S. 131 ff.):

- Bekanntheitsgrad,
- Beliebtheit,
- Sympathiewert,
- Charakter,
- Menschlichkeit,
- Gesamtausstrahlung,
- Auftreten gegenüber der Zielgruppe,
- Auftreten in den Medien.

Es sei darauf hingewiesen, daß der Grad an Bekanntheit noch kein Urteil über die Beliebtheit von Künstlern abgibt. Skaliert betrachtet wird der prozentuale Anteil an Bekanntheit generell über dem der Beliebtheit liegen.

Zwischen dem Image eines Musikers oder einer Gruppe und der Wirklichkeit kann ein beträchtlicher Unterschied bestehen. Obwohl zahlreichen Akteuren der Spitzenebene die interessierten Medien ständig auf den Fersen sind und ihr Leben minutiös verfolgen, ist über das wahrhaftige Leben der Stars in den meisten Fällen kaum etwas bekannt. Gerade im Musikbusiness ist schon manch einer mit dem ihm aufgezwungenen Image nicht fertig geworden, was zu psychischen Deformationen, Größenwahn, Vereinsamung, Rauschmittelsucht und frühem Tod führte. Als Beispiele sind Jim Morrison, Jimi Hendrix, Janis Joplin, Elvis Presley oder in jüngster Vergangenheit Nirvanas Leadsänger Kurt Cobain zu nennen. Die Einstellung gegenüber bestimmten Künstlern kann sich von heute auf morgen verändern, sobald vom bekannten Bild abweichende Momente öffentlich publik werden. Spektakuläres Beispiel: Michael Jackson wurde 1993 Kindesmißbrauch vorgeworfen. Daraufhin kündigte Pepsi-Cola nach fast zehnjähriger Sponsor-Partnerschaft den Vertrag mit dem Mega-Star.

Über persönlichkeitsprägende Bewertungskriterien hinaus sind weitere Faktoren zu bewerten (vgl. Hanrieder 1989, S. 135):

- Bestehen weitere Verpflichtungen gegenüber anderen Sponsoren oder sind solche seitens des Künstlers/der Gruppe geplant?
- Eignet sich der Künstler/die Gruppe für lokale, regionale, nationale oder internationale Werbung/Promotion?
- Paßt der Künstler/die Gruppe zu anderen gesponserten Persönlichkeiten?
- Wird der Künstler/die Gruppe glaubhaft für das Unternehmen bzw. die Marke eintreten können?
- Wie hoch ist der Medienwert des Künstlers/der Gruppe einzuschätzen?

Zur Bewertung von Musikveranstaltungen bzw. Festivals, die immer zahlreicher und beliebter werden, oder musikbezogenen Organisationen sind vor allem folgende Faktoren einzuschätzen:

- "Kultureller Wert" (musikalisches Niveau bzw. künstlerische Qualität),
- Bekanntheitsgrad,
- Besucherzahlen,
- Medienwert,
- Entwicklungstendenz.

Der Musikgeschmack eines Menschen ist unter anderem von bestimmten Persönlichkeitseigenschaften abhängig. Darüber hinaus spielen als Bedingungen für musikalische Vorlieben externe Faktoren wie musikalische Bildung eine bedeutsame Rolle. Projiziert auf ein Unternehmen hat sich Musiksponsoring an der Unternehmensidentität (Corporate Identity) auszurichten, die auf einer individuellen Unternehmensphilosophie basiert, die jedem Unternehmen zugrunde liegen sollte. In der Unternehmensphilosophie sind die Aussagen über das Selbstverständnis, den Geschäftszweck, die Tätigkeitsfelder und Beziehungen zu unternehmensrelevanten Gruppen manifestiert. Sie prägt die Entwicklung der Corporate Identity, die als spezifische, einprägsame, widerspruchsfreie und dauerhafte Selbstdarstellung eines Unternehmens sowohl nach innen als auch nach außen verstanden wird (vgl. Birkigt/Stadler 1988, S. 23, Keller 1990, S. 64 ff.). Zu den wesentlichen **internen Zielen** der Corporate Identity kann die Identifikation der Mitarbeiter mit dem Unternehmen gezählt werden. Das Wirkungsergebnis spiegelt sich in der Unternehmenskultur (Corporate Culture) wider. Zu den wesentlichen **externen Zielen** gehört die Profilierung des Unternehmens am Markt und die Gewinnung von Vertrauen in der Öffentlichkeit, zu deren Verwirklichung eine einheitliche Kommunikation (Corporate Communications) sowie ein einheitliches optisches Erscheinungsbild (Corporate Design) beitragen (vgl. Antonoff 1989, S. 70 ff.). Daher ist der Einsatz des Musiksponsorings hinsichtlich der spezifischen Corporate Culture abzustimmen, in die Corporate Communications-Strategie zu integrieren und im Rahmen von Sponsoring-Maßnahmen das Corporate Design zu transportieren.

Alle Corporate Identity-Faktoren und somit sämtliche aufeinander abgestimmten Unternehmensaktivitäten bewirken Imagetransfers zu unternehmensrelevanten Zielgruppen, die sich ihrerseits durch Addition der "imageprägenden" Informationen ein Fremdbild vom Unternehmen schaffen, das Corporate Image (siehe hierzu Abbildung 5). Das Image kann somit als eine Projektion der Corporate Identity im sozialen Umfeld eines Unternehmens verstanden werden (vgl. Birkigt/Stadler 1988, S. 28 f.). Dieser Zusammenhang ist analog auf Markenprodukte im weiteren Sinne zu projizieren. Die Identität einer Marke, die Brand Identity, definiert sich weitgehend durch ihre Daten, ihre Ausstattung und ihren Preis. Das Brand Image kann als das Resultat der Projektion dieser Faktoren über die Kommunikationsmedien und die Handelskanäle sowie als das Ergebnis der konkreten Marken- bzw. Produkterfahrungen im Bewußtsein der Konsumenten angesehen werden (vgl. Stadler 1987, S. 484). Ist eine Marke Pate eines Musiksponsorship, sind Musikrichtung(en) und Imageträger hinsichtlich der spezifischen Brand Identity abzustimmen. Dieser Aspekt soll hier jedoch nicht weiter vertieft werden. Vielmehr werden im folgenden die Corporate Identity-Faktoren in Verbindung mit dem Musiksponsoring und seinen Zielkomponenten näher betrachtet.

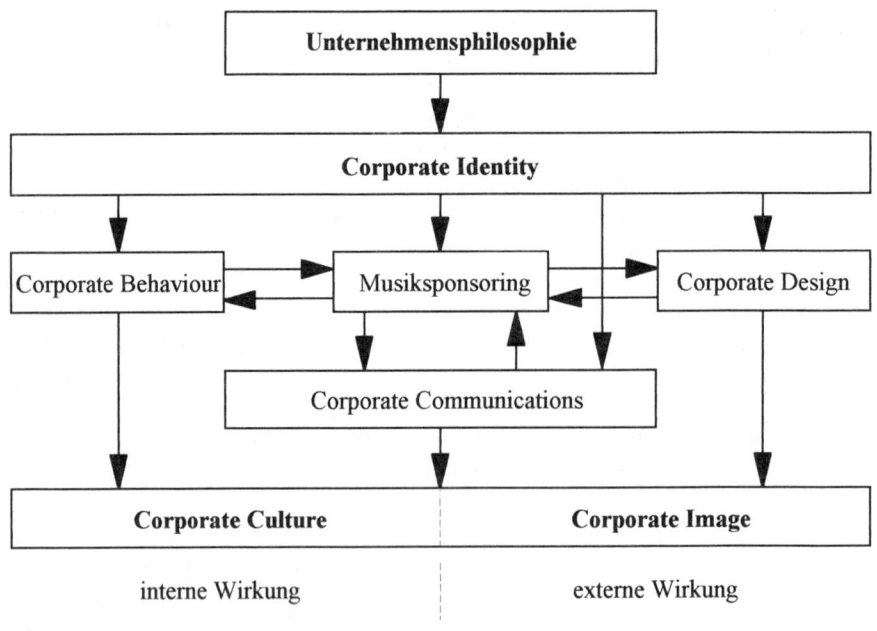

Abbildung 5: Integration des Musiksponsorings in ein Corporate Identity-Konzept

4.1. Musiksponsoring zur Ausgestaltung der Corporate Culture

Die Kultur eines Unternehmens wird durch die Grundgesamtheit gemeinsamer Werte, Normen und Einstellungen bestimmt, die als unternehmenskulturelle Basiselemente die Entscheidungen, die Handlungen und das Verhalten der Organisationsmitglieder beeinflussen (vgl. Heinen/Dill 1986, S. 207). Eine positiv geprägte Corporate Culture zeichnet sich durch folgende Wirkungen aus (vgl. Keller 1990, S. 48):

- Stützung des Selbstbewußtseins und der Unternehmensidentifikation der Mitarbeiter,
- Erzeugung eines Wir-Gefühls bei den Mitarbeitern,
- Steigerung der Motivation der Mitarbeiter und somit der Produktivität,
- Schaffung der Voraussetzungen für Innovation und Kreativität bei den Mitarbeitern,
- Transferierung konfliktfreier Kompetenz und Verantwortung des Unternehmens nach außen.

Die Corporate Culture wird langfristig durch das Corporate Behaviour, dem tatsächlichen Verhalten der Mitarbeiter, geprägt und mehr und mehr zu einem entscheidenen Wirtschaftsfaktor. Zwischen dem kurz- bzw. mittelfristigen Verhalten eines Unternehmens und der Unternehmenskultur besteht im Hinblick auf den Einsatz des Musiksponsorings ein enger Wirkungszusammenhang. Zur Ausgestaltung einer lebendigen Corporate Culture können Musiksponsoring-Aktivitäten extensive Impulse geben. Dabei kann eine starke Mitarbeiterorientierung dazu beitragen, daß ein Sponsorship durch das eigene Personal getragen und unterstützt wird, was eine glaubwürdige Kommunikation nach außen vereinfacht. Zudem kann mittels Musiksponsoring gesellschaftliche Verantwortung dokumentiert werden.

4.1.1. Steigerung der Mitarbeiteridentifikation

Musiksponsoring kann zur Stärkung der Identifikation der Mitarbeiter beitragen und bei diesen gleichzeitig die Auseindersetzung mit dem Kulturgut Musik fördern. Auf diese Weise leistet Musiksponsoring einen Beitrag zur Motivationssteigerung und Festigung eines Wir-Gefühls, wodurch sich die Attraktivität des Unternehmens als Arbeitgeber allgemein erhöht. Erforderlich ist hierfür, daß ein Sponsorship von den Mitarbeitern akzeptiert und mitgetragen wird. Um dies zu realisieren, sind Mitarbeiter in ein Sponsorship persönlich einzubinden. Es bieten sich verschiedene Möglichkeiten an, um intern das "musikalische Involvement" zu steigern:

- Einladung der Mitarbeiter zum gesponserten Musik-Event,
- Gewährung eines internen Kartenvorverkauf zu verbilligten Konditionen für Mitarbeiter,
- Reservierung besonderer Zuschauerränge bzw. -plätze für Mitarbeiter beim gesponserten Konzert,
- Durchführung eines gesponserten Ereignisses ausschließlich für Mitarbeiter und deren Angehörige,
- Gründung eines unternehmenseigenen Musikvereins.

Die Existenz oder Gründung eines unternehmenseigenen Musikvereins, in dem die Mitarbeiter und Freunde eines Unternehmens musikalisch aktiv sind, kann als eine besondere Sponsoringform angesehen werden. Bestandteil des Vereinsnamens ist gewöhnlich der Name des Unternehmens, der den Verein mit finanziellen Mitteln unterstützt. Weitere Leistungen können die Stellung von Instrumenten oder von entsprechenden Räumlichkeiten für Proben und/oder Auftritte sein. In diesem Zusammenhang soll beispielhaft auf die inzwischen über 90jährige Tradition des Vereinslebens der Bayer AG hingewiesen werden. Die werkseigenen Vereine, deren Mitglieder zu 80 % bis 90 % Betriebsangehörige sind, tragen entscheidend zur Prägung der spezifischen Unternehmenskultur der Bayer AG bei. Neben dem sportlichen ist auch das künstlerische und musikalische Vereinsangebot sehr vielfältig. Bayer besitzt unter anderem einen Frauen- und Männerchor, eine Big-Band, ein Blas-, ein Mandolinen- und zwei Akkordeonorchester. Als besondere Attraktion gelten die Bayer-Philharmoniker. Das breite Angebotsspektrum an Betätigungsmöglichkeiten für Mitarbeiter gilt laut Hermann J. Strenger "in der Industrie weltweit als einzigartig". Die Ziele des Bayer-Vereinslebens umschreibt der Vorstandsvorsitzender der Bayer AG mit folgenden Worten (Strenger 1991, S. 5): "Das Vereinsleben schafft Bindungen und Verbindungen zwischen den Menschen und dem Unternehmen, die über den beruflichen Alltag hinausreichen. Die vielzitierte 'Bayer-Familie' - hier ist sie lebendige, für viele Menschen erfahrbare Realität." So begeisternd diese Form der Musikförderung von der Idee her auch ist, sie scheint vornehmlich für Großunternehmen mit hoher Beschäftigungszahl interessant zu sein - auch wenn die Bereitschaft zum Laienmusizieren tendenziell weiterhin steigt.

4.1.2. Dokumentation gesellschaftlicher Verantwortung

Die Aufgabe der staatlichen Kulturpolitik ist es, durch entsprechende Förderung und Vermittlung die Produktion von Kunst sicherzustellen und die Bevölkerung an dem Kulturgut Musik und den Aufführungskünsten in gleicher Weise teilhaben zu lassen. Der Schwerpunkt kulturpolitischen Handelns liegt bei den Ländern, während die Kompetenzen des Bundes begrenzt sind. Die kulturpolitischen Aufgaben der Kommunen sind verfassungsmäßig zwar nicht definiert, ihre Bedeutung jedoch nicht zu unterschätzen. In der Bundesrepublik konzentriert sich die öffentliche Subventionspolitik für den Kultursektor Musik vorwiegend auf die Bereiche der Musikausbildung bzw. -erziehung und die Förderung der Kulturorchester und -chöre, wobei die Gemeinden die Hauptlast tragen. Die staatlichen Orchester werden fast ausschließlich von den Ländern unterstützt. Da dem Bund die Kompetenzen für die auswärtige Kulturpolitik zukommen, beschränkt sich die finanzielle Unterstützung des Bundes hier vornehmlich auf Gastspielreisen zu Konzertauftritten im Ausland. Das Musiktheater ist kulturpolitisch in die Theaterförderung eingegliedert.

In Deutschland sind die Lebensverhältnisse in den letzten Jahren zunehmend komplexer geworden. Die politischen Veränderungen und die daraus resultierende Sparpolitik haben zu lebhaften Erörterungen von Aufgaben, Schwierigkeiten und Sinn der Kulturpolitik geführt. Bei den Diskussionen zur Bestimmung der Kulturetats für die kommenden Jahre wird vor allem seitens der Kommunen gerne die "freiwillige Leistung" hervorgehoben, um überproportionale Einsparungen in den Haushalten zu rechtfertigen. Ob damit die Schaffung und Sicherung von Sphären garantiert wird, in denen freie Künste ihrer eigenen Dynamik entsprechend zusammen mit anderen kulturellen Kräften leben und wirken können, wie Hilmar Hoffmann das praktische Prinzip des kulturpolitischen Handelns umschreibt (vgl. Hoffmann 1993, S. 11), ist fragwürdig. Aufwendige Musikprojekte lassen sich heute vielfach nicht mehr alleine durch die bewilligten Zuwendungen der öffentlichen Hand finanzieren und realisieren. So stehen immer mehr Kulturinstitute, musikbezogene Organisationen und Künstler Sponsorships offen gegenüber, auch wenn teilweise noch Berührungsängste seitens der Kulturschaffenden bestehen. Für einzelne Musikfestivals bzw. Musikprojekte ist die Finanzierung mittels Sponsoring von herausragender Wichtigkeit. Die Ausgaben der Unternehmen für Kultursponsoring nehmen allerdings - gemessen an den öffentlichen Kulturausgaben - einen Anteil von weniger als 2 % ein. Dieser Anteil wird sich in den kommenden Jahren nur in geringem Maße erhöhen. Die Förderung durch private Investoren und Träger entbindet den Staat nicht von seinem kulturpolitischen Auftrag und darf nicht als Basis der Substanzerhaltung von öffentlichen Kultureinrichtungen verstanden werden. Sponsoren können nicht die Rolle eines Subventionisten übernehmen. Vor diesem Hintergrund kommt dem Musiksponsoring als Finanzierungsquelle für den gesamten Kunst- und Kulturbetrieb nur eine verhältnismäßig geringe Bedeutung zu. Während der Staat für Kontinuität zu sorgen hat, kann ein Unternehmen mit seinem Engagement einen Beitrag zur Realisierung bestimmter kultureller Projekte leisten und auf diese Weise gesellschaftliche Verantwortung dokumentieren. Hier kann ein Engagement zur Schaffung von Vertrauen und Akzeptanz sowie einer positiven Imagebildung bei unternehmensrelevanten Zielgruppen beitragen.

Musiksponsoring hat sich grundsätzlich an den Rahmenbedingungen auszurichten, die von Kulturschaffenden vorgegeben werden. Nicht jedes musikalische Projekt, das auf hohem künstlerischen Niveau steht, bedingt eine entsprechende Publikums- und Medienwirksamkeit. Mit der Unterstützung derartiger Festivals oder Projekte - abseits populärer Musikevents mit Massenzulauf - kann ein Unternehmen mit seinem Engagement zur Steigerung der Qualität musikalischer Vielfalt beitragen und deren Wichtigkeit im gesellschaftlichen Umfeld hervorheben. In der Musik existieren viele kleine Nischen, denen sich Firmen als mögliche Sponsoren bisher eher verweigern anstatt diese bereitwillig zu fördern. Hierzu zählt neben experimentellen, neuen Musikformen auch die Alte Musik. So löste sich beispielsweise 1993 das "Forum für Alte Musik München", kurz FAMM genannt, auf, weil zuletzt Gelder und Publikum fehlten. Von Beginn seiner neunjährigen Tätigkeit an standen Unternehmen dem anspruchsvollen Forum negativ gegenüber. Christian Ohlenroth, Vorsitzender des FAMM, spricht in diesem Zusammenhang von Verweigerung der Firmen, als Sponsoren "uns zu unterstützen" (zitiert nach Mauró 1993, S. 14).

Wird ein niveauvolles Musikprogramm vorgegeben, das keine große Publikums- und Medienwirksamkeit garantiert, haben viele Kulturinstitute Schwierigkeiten, Lücken im Kuluretat mit Sponsorengeldern zu schließen. Beispielsweise bietet die Stadt Duisburg ihren Bürgern traditionell ein attraktives Veranstaltungsprogramm aus Bereichen der alten, klassischen und zeitgenössischen bzw. neuen Musik. In der Konzertsaison 1992/93 fand in Duisburg das "Musikfestival Arnold Schönberg" statt, das unter anderem die Franz Haniel & Cie. GmbH, Duisburg, die Brohler Mineral-Heilbrunnen GmbH, Brohl, und die Miele & Cie., Gütersloh, als Sponsoren förderten. Das vornehmliche Ziel der finanziellen Unterstützung sieht Iris Magdowski, Kulturdezernentin der Stadt Duisburg, darin, daß die Unternehmen mit ihrem Engagement ihre Verbundenheit mit der Stadt Duisburg und ihren Aktivitäten ausdrücken wollen (Magdowski 1993) - dies ist auch eine Form gesellschaftlicher Verantwortung. Mit den von der Stadt Duisburg eingenommenen Sponsorengeldern konnten nicht alle gewünschten Projekte im Rahmen des "Musikfestival Arnold Schönberg" realisiert werden. Beispielsweise wurde auf ein Gastspiel der Frankfurter Oper verzichtet, die zum damaligen Zeitpunkt als einzige "Moses und Aron" von Arnold Schönberg im Repertoire hatte.

Je höher der Bekanntheitsgrad und/oder kommerzielle Charakter eines musikalischen Ereignisses bzw. der jeweiligen Akteure ist, um so schwerer wird es, mit einem Sponsorship dem Streben nach gesellschaftlicher Verantwortung als Zielkomponente zu entsprechen. Im Bereich der Pop- und Rockmusik rechtfertigen beispielsweise Interpreten der Spitzenebene ihre Sponsor-Partnerschaft gerne mit dem Hinweis, daß infolge niedriger Kartenpreise das jeweilige Sponsorship den Leuten zugute kommt, die ein Konzert besuchen. Die Erfahrungen von Marek Lieberberg, Geschäftsführer der Marek Lieberberg Konzertagentur, haben gezeigt, daß diese Argumentation lediglich ein medienpolitisches Feigenblatt ist. Die Sponsoreneinnahmen dienen zwar möglicherweise der Finanzierung der technischen Kosten der jeweiligen Produktion, was letztlich eine interne Verrechnung darstellt, jedoch haben die zusätzlichen Einnahmen aus den Sponsorenverträgen keinen Einfluß auf die Ticketpreise. Lieberberg weist in diesem Zusammenhang auf die Tatsache hin, "daß Einnahmekalkulationen keineswegs revidiert wurden, wenn der Sponsor erst nachträglich hinzukam. Kulturelle und gesellschaftliche Verantwortung haben noch in keinem Fall bei den Diskussionen vor Abschluß eines Sponsorship Ausdruck gefunden" (Lieberberg 1992).

Um mittels Musiksponsoring gesellschaftliche Verantwortung zu dokumentieren, sind daher vornehmlich Akteure auszuwählen, die nicht dem beliebigen Massengeschmack entsprechen, und Projekte, die tatsächlich ohne die finanzielle Unterstützung eines Sponsors nicht realisierbar wären. Hier besteht die Möglichkeit, ungewöhnlichen und schwierigen Interpreten sowohl den künstlerischen als auch den notwendigen ökonomischen Erfolg zu eröffnen und auf diese Weise einen Beitrag zur Erhaltung kultureller Vielfalt zu leisten.

4.2. Musiksponsoring im Rahmen der Corporate Communications

Die Corporate Communications ist das strategische Dach für die verschiedensten Kommunikationsaktivitäten nach innen wie nach außen. Als kommunikative Leitlinie übermittelt sie die Identität eines Unternehmens (vgl. Raffée/Wiedmann 1989, S. 665). Die unterschiedlichen Kommunikationsquellen sind so aufeinander abzustimmen, daß bei den Botschaftsempfängern ein einheitlicher, widerspruchsfreier Eindruck vom Unternehmen erzeugt wird. Infolgedessen hat sich Musiksponsoring an der Corporate Communications zu orientieren. Die kommunikativen Sponsoring-Maßnahmen sind so zu gestalten, daß sie bei den Rezipienten die Eindrücke verstärken, die von den übrigen Maßnahmen im Kommunikations-Mix (Werbespots, Anzeigen, Public Relations etc.) ausgehen. Um diesem Anspruch gerecht werden zu können, sind eine

- strategische Abstimmung hinsichtlich der lang-, mittel- und kurzfristigen Ziele,
- eine strategische Abstimmung in bezug auf die unterschiedlichen Zielgruppen (Mitarbeiter, Kunden, Lieferanten, Journalisten, Verbände, Gewerkschaften, Politiker etc.),
- eine zeitliche Koordination (betrifft die Einsatztermine aller Kommunikationsmaßnahmen) sowie
- eine organisatorische Abstimmung (betrifft die aufbau- und ablauforganisatorischen Prozesse für die Zusammenarbeit zwischen den Kommunikationsabteilungen)

des Musiksponsoring mit parallel geschalteten Kommunikationsmaßnahmen vorzunehmen. Dieser Koordinationsprozeß trägt einerseits zur Vermeidung von Reibungsverlusten, widersprüchlichen Botschaften sowie kostspieligen Doppelarbeiten und andererseits zur Ausnutzung von Synergieeffekten bei.

Ist die kommunikative Leitlinie eines Unternehmens von einer spezifischen Erlebnismarketing-Strategie geprägt, hat sich Musiksponsoring an dieser Erlebnislinie auszurichten und der/den von ihr vorgegebenen Musikrichtung(en) zu entsprechen. Unterstützt die Erlebnislinie jugendliche Werte, so werden Akteure oder Projekte konservativer Musikformen wie Klassik keine geeignete Basis für kommunikative Effizienz im Sinne der Corporate Communications darstellen. Neben den genannten Abstimmungskriterien ist eine instrumentelle Integration des Musiksponsoring mit den klassischen und innovativen Kommunikationsformen durchzuführen (siehe hierzu Kapitel 5.4.). In Anlehnung an Alexander Demuth können folgende Zielsetzungen der Corporate Communications zugeschrieben werden (vgl. Demuth 1989, S. 436):

- Erhöhung des Bekanntheitsgrades,
- Abbau der sozialen Distanz zwischen dem Unternehmen und den relevanten Zielgruppen,
- Erhöhung der Reaktionsbereitschaft der Zielgruppen (Einstellungswandel).

Inwieweit Musiksponsoring zur Unterstützung dieser Zielkomponenten beitragen kann, soll im folgenden kurz analysiert werden.

4.2.1. Erhöhung des Bekanntheitsgrades

Die Prägung eines Unternehmensimages setzt zunächst einmal Bekanntheit voraus. Der Bekanntheitsgrad errechnet sich aus der Anzahl von Mitgliedern einer Zielgruppe, die gestützt oder ungestützt ein Unternehmen in Erinnerung bringen können. Ein bestimmtes Mindestmaß an Bekanntheit muß einem Unternehmen im Vorfeld eines Sponsorship bereits zukommen, damit der Sponsor überhaupt bei der jeweiligen Zielgruppe Beachtung findet. Wird die Stabilität bzw. Steigerung des Bekanntheitsgrades als Sponsoringziel definiert, werden vornehmlich publikumswirksame Projekte bzw. Veranstaltungen in Frage kommen, die eine hohe Kontakthäufigkeit erwarten lassen, etwa durch die Einschaltung der Massenmedien. Hier ist insbesondere an herausragende Events der Pop- und Rockmusik zu denken. Abseits des beliebigen Massengeschmacks wird Musiksponsoring nur dann zur Erhöhung des Bekanntheitsgrades beitragen können, wenn ein Unternehmen in einem bestimmten Musiksegment kontinuierlich über einen längeren Zeitraum als Sponsor auftritt.

Für kleinere und mittlere Unternehmen ist die Steigerung des Bekanntheitsgrades bereits auf lokaler oder regionaler Ebene von Interesse. Auf dieser Grundlage können Sponsorships bei Einzelveranstaltungen oder mit musikbezogenen Institutionen, die für einen Ort oder eine Region einen hohen Grad an Popularität und Publikumswirksamkeit besitzen, dieser Zielvorgabe entsprechen.

4.2.2. Kontaktpflege und Abbau sozialer Distanz

Ein wesentliches Kommunikationsziel ist es, bei relevanten Zielgruppen Sympathie und Verständnis gegenüber dem Unternehmen zu erhalten bzw. zu entfachen. Bestimmte wirtschaftlich interessante Zielgruppen, wie kulturinteressierte Bildungsbürger, Akademiker, Jugendliche und junge Erwachsene ebenso wie Lifestyle- und Szenetypen, stehen heute traditionellen Werbekampagnen eher ablehnend gegenüber. Mittels Musiksponsoring können attraktive Anlässe geschaffen werden, um mit ausgewählten Kunden, Händlern, Honoratioren einer Stadt, Bankenvertretern, etc. Kontakte zu pflegen bzw. zu knüpfen. Geladene Gäste können im Rahmen von Musikveranstaltungen in einer informellen Atmosphäre unterhalten und bewirtet werden (Hospitality-Service). Eine derartige Kontaktpflege kann eine positive Beeinflussung der Gäste, eine Anknüpfung an alte und Knüpfung von neuen Beziehungen und/oder den Abschluß von Geschäften bzw. Verträgen bewirken.

Darüber hinaus kann Musiksponsoring den Zugang zu Jugendlichen und jungen Erwachsenen eröffnen, die aufgrund ihrer positiven Einstellung gegenüber Innovationen als Meinungsbildner bei der Neueinführung von Produkten gelten. Im Rahmen einer langfristig orientierten Marketing-Strategie bilden sie zudem die Grundlage für den zukünftigen Erwachsenenmarkt und gelten als das Potential der Zukunft. Gerade bei jungen Verbrauchern stellt die Musik ein beeinflussendes, wesentliches Interessengebiet dar. Dies gilt insbesondere für den Bereich der Pop- und Rockmusik, wo sich zum Teil konjunkturelle Lebensstile äußern und Trends initiiert werden, die von wirtschafts- und gesellschaftspolitischen Vorgängen geprägt sind. Ein Sponsorship in diesem Musiksektor kann den Zugang zu Lifestyle-Typen oder Szene-Kids verschaffen, die sich durch ein hohes Markenbewußtsein auszeichnen. Einer Studie des Münchner Instituts für Jugendforschung (IJF) zufolge sind "Marken bei Jugendlichen dann 'in', wenn sie innovativ und kreativ auftreten, eine gute Qualität bieten und gute Werbung machen" (o.V. 1993b, S. 7). Letztlich entscheidet die Szene, welche Marken akzeptiert und welche abgelehnt werden. Gelingt es im Zuge des Musiksponsorings "Opinion Leader" unmittelbar einzubeziehen, wird die Szene sich mit "ihrer" Marke identifizieren.

4.3. Musiksponsoring in Verbindung mit Corporate Design

Als weitere Repräsentationsform der Corporate Identity gilt das Corporate Design. Unter Corporate Design wird der systematische Einsatz symbolischer Elemente verstanden, der zu einem einheitlichen visuellen Erscheinungsbild eines Unternehmens beiträgt (vgl. Pflaum 1989, S. 66 f.). Hierzu zählen Firmen- und Markenlogo, Raster, Schrift und Typographie, Farben, Architektur-Design, sowie weitere besondere Stilelemente bzw. symbolische Maßnahmen (z. B. Verpackungsdesign), die in ihrer Gesamtheit ein klar definiertes Unterscheidungsmerkmal gegenüber anderen Unternehmen bewirken.

Der visuelle Auftritt eines Unternehmens hat sich in seiner Gestaltung am spezifischen Corporate Design auszurichten. Folglich haben alle Sponsoring-Maßnahmen, die in visueller Form Hinweise auf den Sponsor geben, dem Corporate Design zu entsprechen. Im Umfeld gesponserter Veranstaltungen wird auf diese Weise die Wiedererkennbarkeit bei den relevanten Zielgruppen gesteigert. Zudem erinnern sich die Rezipienten leichter an die Sponsoring-Botschaften, wodurch die Effizienz eines Sponsorship erhöht wird.

In Ausnahmefällen wäre es sogar denkbar, daß ein Musiksponsoring-Engagement Anstoß zur Entwicklung eines neuen kreativ gestalteten Corporate Design geben kann. Auch wenn die Auseinandersetzung und Identifikation mit Musik auf Unternehmensbasis nicht Anlaß für ein gänzlich neues "Kleid" sein wird, so kann das kreative Potential der Künste unter Umständen Initiator für sanfte Korrekturen sein, denn Musik gilt als starker Impulsgeber und Beeinflussungsfaktor für andere Ausdrucksformen der Kunst - nicht nur in bezug auf Malerei, Theater oder Literatur, sondern auch auf Design und Architektur - letztlich allgemein in bezug auf Kommunikation.

5. Bedeutung des Musiksponsorings im Marketing-Mix

Im Rahmen einer konzeptionellen Marketingplanung stehen jedem Unternehmen verschiedene Instrumente zur Auswahl, die einen marktbeeinflussenden Charakter besitzen. Die Produkt- bzw. Leistungs-, die Distributions-, die Kontrahierungs- und die Kommunikationspolitik werden zu einem effizienten Marketing-Mix zusammengefügt, indem sie koordiniert und kombiniert eingesetzt werden. Ziel ist es, Einfluß auf den Markt zu nehmen und dem Unternehmen, der Marke bzw. den Produkten/Leistungen einen einzigartigen Verkaufsvorteil im Wettbewerbsfeld zu verschaffen - im Sinne einer Unique Selling Proposition (USP).

Musiksponsoring sollte weitgehend als Below-the-line-Maßnahme zur spezifischen Marketing-Strategie angesehen und als innovative Kommunikationsform nicht isoliert, sondern mit den übrigen Marketinginstrumenten verknüpft eingesetzt werden. Auf diese Weise lassen sich Synergiewirkungen erzielen, die bei den Zielpersonen verhaltenssteuernd wirken. Nur so kann Sponsoring seine volle Leistungsfähigkeit entfalten. Die folgende Betrachtung zahlreicher Möglichkeiten für einen integrativen Einsatz des Musiksponsorings im Marketing-Mix soll als Anregung für die individuelle Gestaltung von Sponsorships verstanden werden. Mit welcher Intensität die Vernetzung vorgenommen werden kann, hängt unter anderem von der Branchenzugehörigkeit eines Unternehmens ab. Im Einzelfall wird in Abhängigkeit von Art, Umfang, Größe und Bedeutung eines Sponsorship individuell zu überlegen sein, welche marketingpolitischen Instrumente in sinnvoller Abstimmung integrativ einzusetzen sind.

5.1. Rolle der Produktaffinität und Auswirkung auf die Produktpolitik

Ist eine Sponsoring-Strategie aus der Unternehmensphilosophie abgeleitet und identitätsmäßig begründet, gewinnen Sponsorships in ihrer Darstellung sowohl nach innen als auch nach außen an Glaubwürdigkeit. Bisherige Erfahrungen haben gezeigt, daß Sponsoring besonders akzeptiert wird, wenn ein enger Zusammenhang zwischen der Branche, dem Produkt oder der Unternehmensleistung und dem gesponserten Bereich besteht. Daher eröffnet sich insbesondere bei bestehender Produkt- bzw. Leistungsaffinität zur Musik eine Vielfalt an Einsatz- und Gestaltungsmöglichkeiten. Die Breite des Spektrums nimmt um so mehr ab, je weniger eine gleiche Tätigkeitsebene vorliegt. Da es im wesentlichen von Bedeutung ist, daß ein Sponsorship von den relevanten Zielgruppen aufgenommen wird, ist es nicht zwingend erforderlich, daß die für Dritte erkennbare Beziehung zur Musik einem internen bzw. echten Bezug entspricht.

Eine Klassifizierung hinsichtlich der jeweiligen Affinität von Unternehmen zur Musik kann folgendermaßen vorgenommen werden (vgl. Püttmann 1989a, S. 220, 1991b, S. 22):

- Anbieter von Musikprodukten bzw. musikbezogenen Leistungen
  (zum Beispiel Hersteller oder Vertreiber von Instrumenten, Übertragungsanlagen, Zubehör oder Studiogeräten),

- Anbieter von musiknahen Produkten bzw. Leistungen
  (zum Beispiel Hersteller oder Verkäufer von Hifi-Geräten oder Video-Recordern),

- Anbieter von musikfernen Produkten bzw. Leistungen
  (zum Beispiel Anbieter von Transportdiensten, Bühnentrucks),

- Anbieter von musikfremden Produkten bzw. Leistungen
  (zum Beispiel Hersteller oder Verkäufer von Nahrungs- und Genußmitteln, Kleidern).

Einen Sonderfall stellt das Musiksponsoring hinsichtlich der Affinität für die Modebranche dar. Obwohl Kleidung als musikfremdes Produkt eingestuft wird, besteht ein direkter Wirkungszusammenhang zwischen Musik und Mode. Aktuelle Modetrends haben nicht selten ihre Wurzeln in bestimmten Musikrichtungen. So beeinflußte beispielsweise die Popsängerin Madonna mit ihren modischen Extravaganzen lange Zeit viele Mädchen und junge Frauen, die die Kleidung, den Schmuck und die Frisur ihres Stars imitierten. Aus der Hip Hop-

und Techno-Musikszene sind die jüngsten Modeerscheinungen "Fashion Sport" bzw. "Clubwear" hervorgegangen, woraus sich für Kinder und junge Erwachsene im Alter von 12 bis 25 Jahren eine grenzüberschreitende Jugendkultur entwickelt hat, für die der Musiksender MTV als wesentliche Informationsquelle gilt (vgl. Kern/Toman-Banke 1993, S. 36 f.).

Die Medien, Zeitungs- sowie Zeitschriftenverlage und Rundfunkanstalten, die sich normalerweise in der Rolle des Berichterstatters befinden, nehmen hinsichtlich der Produkt- bzw. Leistungsaffinität zur Musik eine weitere Sonderstellung ein. Aufgrund der zunehmenden Konkurrenz zwischen den einzelnen Medienanbietern nutzen diese immer häufiger Musiksponsoring als Instrument zur eigenen Kommunikation. Die Affinität zur Musik ist bei Verlegern von Musikfach- und Musikpublikumszeitschriften sowie beim Hörfunk am stärksten ausgeprägt. Während der Programminhalt bei den öffentlich-rechtlichen Hörfunkanstalten zu 54 % bis 63 % aus dem Medium Musik besteht, liegt dieser Anteil bei privaten Hörfunksendern bei bis zu 80 % (vgl. Hormuth 1993, S. 20). Der Auftritt von Medien als Sponsoren im Bereich Musik soll bei den jeweiligen Zielgruppen die Aufmerksamkeit intensivieren, um die Auflagen bzw. Einschaltquoten zu erhöhen.

Kann angenommen werden, daß Dritten allgemein der Bezug eines Sponsors zur Musik als gering erscheint, bedarf es einer verstärkten begleitenden Informationstätigkeit, die die Intention eines Musiksponsoring-Engagements verdeutlicht. Hier besteht die Möglichkeit, sich mit Einsatz der Produktpolitik "künstlich" einen direkten Bezug zur Musik und somit eine Art Produkt- bzw. Leistungsaffinität zu schaffen. Produkte werden zu "Kunstobjekten" aufgewertet und Kunst wird zu dem Medium, das Produkt und Mensch miteinander verbindet.

Zunächst soll auf die **Designpolitik** und somit auf die wahrnehmbaren Gestaltungsmöglichkeiten eines Produktes hingewiesen werden. Hierzu zählen sowohl das Packungsdesign als auch die Packungsgestaltung. Martin Amann von der Schmidlin & Partner Design Agency, Schweiz, beschreibt für Unternehmen der Konsumgüterindustrie die wesentliche Bedeutung des Produktes im Rahmen einer Marketing-Strategie wie folgt: "Ein Produkt ist mehr als reiner Konsum. Es ist gleichzeitig das Erleben und Genießen der gesamten Welt und Philosophie, die mit dem Produkt selbst untrennbar verschmolzen ist" (Amann 1993, S. 20). Mit anderen Worten: Ein Erlebnisprofil, erzeugt durch kommunikative Maßnahmen wie Werbung und Sponsoring, hat sich in der direkten Ausstrahlung des Produktes zu bestätigen, um eine Brand Identity glaubhaft vermitteln und gewünschte Imagewirkungen erzielen zu können. Hier wird die Produkt-Verpackung, die zweifellos gesellschaftlichen und ökologischen Sachzwängen unterliegt, zu einem, wie Amann formuliert, "Hauptdarsteller der Kommunikation" (Amann 1993, S. 16). Sie ist somit die kommunikationspolitische Konstante zwischen Produkt und Verbraucher. Zur Markenprofilierung können designpolitische Maßnahmen beitragen, die einen direkten Bezug zum Musiksponsoring herstellen. Als Beispiele seien genannt:

- Das Verpackungs- bzw. Produktdesign wird auf das jeweilige Sponsorship abgestimmt.

- Gesponserte werden in die künstlerische Gestaltung der Produkte einbezogen.

Als Beispiel sei sowohl auf die kartonierten Verpackungen der Coca-Cola Six-Packs als auch auf die Coca-Cola "Stardosen-Kollektion" im Rahmen des Coca-Cola Musik-Programms 1993 hingewiesen (siehe Kapitel 10.3.3.). Derartige designpolitische Maßnahmen in bezug auf ein Musiksponsoring-Engagement lassen sich selbstverständlich nicht immer realisieren. Im Einzelfall wird es von den internen Möglichkeiten abhängen, wobei in jedem Fall zu bedenken bleibt, daß sich nur das verkaufen läßt, was von den Konsumenten "gewünscht" wird. Kommt die Kreierung eines "musikbezogenen Designs" im Zuge des Musiksponsoring nicht in Frage, ist weiterhin zu berücksichtigen, daß Verpackungen in ihrer Gestaltung und Farbe Gefühle ausdrücken. Sie können Emotionen wecken, die denen der Musik entsprechen. Verpackungen können Temperament, Lebensfreude, Feuer und Dynamik oder eine Kombination aus Ästhetik und Exklusivität vermitteln. Hier gilt es, die Frage zu stellen (sofern nicht bereits im Rahmen der Brand Identity-Analyse geschehen):

- Passen Produktdesign bzw. Packungsgestaltung und Musik in ihrer Ausstrahlung zusammen?

Eine weitere produktpolitische Maßnahme bietet der Einsatz der **Marken-** oder **Namenspolitik**. Durch Änderung oder Kreierung eines Marken- oder Produktnamens kann ein unmittelbarer Zusammenhang zur Musik allgemein oder zu einem Musiksponsorship im speziellen hergestellt werden. Ein Beispiel für das Eingehen einer engen Verbindung zwischen einem musikfremden Produkt und der Musik ist die Kooperation zwischen der Volkswagen AG und der Rockgruppe Genesis. Der Automobilhersteller brachte zwei Sondermodelle, einen Golf Cabrio und einen Polo Coupé mit dem Namen "Genesis" auf den Markt, um die Werbe-Partnerschaft mit der gleichnamigen Rockgruppe zu dokumentieren. Zudem erstrahlten diese Modelle einer Sonder-Edition in einem von Genesis kreierten Design.

Eine weitere produktpolitische Variante zeigte Swatch anläßlich ihrer gesponserten Europa-Tournee von Jean Michel Jarre auf. Swatch brachte in einer limitierten Edition eine "Swatch MusiCall" mit einer Melodie von Jean Michel Jarre auf den Markt.

5.2. Auswirkungen auf die Distributionspolitik

Je nach Branchenzugehörigkeit kann der Einsatz des Musiksponsoring im Rahmen der Distributionspolitik, die in ihrer Gesamtheit alle Entscheidungen umfaßt, die sich auf die Versorgung nachgelagerter Vertriebsstufen beziehen, neue Absatzwege initiieren. Dies gilt vor allem für Nahrungs- und Genußmittelhersteller, die als Sponsoren im direkten Umfeld einer Musikveranstaltung ihre Produkte verkaufen und auf diese Weise ihre Zielgruppe unmittelbar mit dem Produkt konfrontieren. So können Brauereien, Champagner- oder Softdrinkhersteller als Sponsoren eines Konzertes Verkaufs- und Präsentationsstände aufstellen. Ähnliches gilt für Hersteller von Tabakwaren. Frühzeitig, bereits in der Planungsphase eines Sponsorship sind hier distributive Möglichkeiten zu prüfen und rechtzeitig vertragliche Regelungen mit den Organisatoren zu treffen, die den direkten Absatz im Umfeld einer Veranstaltung garantieren. Unter Umständen können bestehende Bestimmungen und vertragliche Regelungen dem Sponsor den Absatz am "Point of Joy" verbieten. In Betracht kommen insbesondere folgende Restriktionen:

- Rauchverbot in der Halle, im Konzertsaal etc.
- Alkoholverbot in der Halle, im Stadion etc.
- sonstige "Verbote", begründet auf bestehenden Verträgen mit konkurrierenden Unternehmen (z. B. zwischen dem örtlichen Veranstalter und einer zuständigen Bewirtschaftungsfirma).

Wesentliche Bestimmungsgröße zur Determinierung der Absatzmenge ist die zu erwartende Besucherzahl. Beispielsweise werden bei Open-Air-Konzerten, je nach Dauer einer Musikveranstaltung und Wetterlage, nicht selten mehr als ein Getränk pro Zuschauer verkauft.

In einigen Branchen des Dienstleistungssektors ist für Sponsoren ebenfalls der Einsatz von distributiven Maßnahmen denkbar. Luftfahrtgesellschaften als "official carriers" für Kulturtouristen, Hotels als angemessene Herberge der inspirierten Besucher oder Autovermietungen nutzen Sponsorships, um ihre Leistungen unmittelbar in bezug zum jeweiligen musikalischen Ereignis anzubieten.

So besteht die Sponsoring-Leistung von Hotels häufig in der für den Veranstalter kostengünstigen Beherbergung und Verpflegung der auftretenden Künstler und Ehrengäste. Für die Zeit eines Festivals stellen sie jeweils ihren Hausrhythmus auf die Bedürfnisse der Künstler ab. Ein Beispiel aus den USA: Die Fluggesellschaft Continental Airlines kaufte sich in die Eröffnungssaison der Houston Grand Opera ein und deckte gemeinsam mit dem Hotel Hyatt Regency etwa 10 % der Aufwendungen. Die Oper bot als Gegenleistung ein Wochenendpaket an, das dem Kulturtouristen die Möglichkeit eröffnete, drei verschiedene Operninszenierungen an einem Wochenende zu sehen. Auf diese Weise lohnte sich der touristische Aufwand für die Reisenden (vgl. Rust 1988, S. 82).

5.3. Auswirkungen auf die Preispolitik

Die Preispolitik dient "sowohl den obersten Unternehmenszielen (Rentabilität, Gewinn) als auch einer Verbesserung der Wettbewerbsposition bei Absatzmittlern und Konsumenten zur Durchsetzung unternehmensspezifischer Marketingstrategien" (Bruhn 1990, S. 162). Steht ein Sponsorship in Verbindung mit distributiven Maßnahmen, sind preispolitische Entscheidungen zu treffen, wobei sich diese vorwiegend auf die Festlegung der Preishöhe beziehen. Hier gilt es, die Regeln des Modells der "Preis-Image-Konsistenz" zu beachten, die besagen, daß ein Produkt bei Kunden erfolgreich positioniert wird, wenn der Preis im richtigen Verhältnis zum erwarteten Produkt-Image und zur Qualität steht (vgl. Simon 1992, S. 615 f.). Werden exklusive Produkte nicht als Proben im Umfeld einer Veranstaltung verschenkt oder im Rahmen eines Hospitality-Services kostenlos angeboten, erscheint es wenig sinnvoll, zum "Sonderangebots-Preis" auf diese aufmerksam zu machen. Ein Beispiel: Ein Champagnerhersteller sponsert ein konzertantes Festival mit Werken klassischer Musik. Im Umfeld der Veranstaltung wird dem Sponsorship zusätzlich Ausdruck verliehen, indem das Getränk an die Besucher ausgeschenkt wird. Wird das Getränk nicht als Begrüßungstrunk kostenlos angeboten, sondern am Konzertort verkauft, ist zu bedenken, daß aufgrund des exklusiven Images, das von dem Festival und dem Sponsor ausgeht bzw. ausgehen soll, der Konsument einen entsprechenden Preis für Champagner erwartet. Dumping-Preise würden die Erwartungen enttäuschen und somit die Effizienz des Sponsorship in Frage stellen.

Die bereits erwähnten Dienstleistungsunternehmen können Kunden bei Inanspruchnahme ihrer Leistung in Verbindung mit einem Besuch der jeweils gesponserten Veranstaltung Sonderkonditionen gewähren.

5.4. Stellung innerhalb der Kommunikationspolitik

Mit Hilfe der Kommunikationspolitik sollen verschiedene unternehmensrelevante Zielgruppen angesprochen werden. Das Kommunikations-Mix wird durch die effiziente Verknüpfung der klassischen und innovativen Kommunikationsformen geprägt, die in ihrer Gesamtheit dazu beitragen, beim aktuellen und potentiellen Konsumenten eine Verhaltenssteuerung zu erzeugen (vgl. Meffert 1986, S. 199). Im gesamten Kommunikations-Mix kommt dem Sponsoring als innovative Kommunikationsform mit seinen unterschiedlichen Ausprägungen im allgemeinen und dem Musiksponsoring im besonderen lediglich eine unterstützende bzw. ergänzende Funktion zu. Daher ist das Musiksponsoring mit den übrigen Kommunikationsformen wechselseitig einzusetzen, um Synergiewirkungen in der gesamten Unternehmenskommunikation zu erzielen (vgl. Bruhn 1989b, S. 22 ff., 1991, S. 52).

5.4.1. Integration mit klassischen Kommunikationsformen

Zu den klassischen Kommunikationsformen werden allgemein folgende Instrumente gezählt:

- Werbung,
- Öffentlichkeitsarbeit,
- Verkaufsförderung,
- persönlicher Verkauf.

Durch die Abstimmung dieser Instrumente im Rahmen einer integrierten Kommunikationspolitik mit Blick auf die in Frage kommenden Zielgruppen können die Wirkungen der einzelnen Instrumente ergänzt bzw. verstärkt werden. Die Verknüpfung erfolgt dabei primär auf folgenden Ebenen (vgl. Kroeber-Riel 1991, S. 166):

- inhaltliche Abstimmung,
- formale Vereinheitlichung,
- geographische Abstimmung,
- zeitliche Kontinuität.

Um bei einem Musiksponsorship Synergiewirkungen zu erzielen, ist eine Vernetzung mit den klassischen Kommunikationsinstrumenten Werbung, Öffentlichkeitsarbeit und Verkaufsförderung vorzunehmen. Eine Integration mit dem persönlichen Verkauf ist nur bedingt herstellbar, da dies unter anderem von der Branchenzugehörigkeit eines Unternehmens abhängig ist.

5.4.1.1. Musiksponsoring und Werbung

Werbung wird als eine beeinflussende Kommunikationsform verstanden, die unpersönlich und in räumlicher Distanz vom Verkaufsort durchgeführt wird und sich auf ein Produkt, eine Gruppe von Bedürfnissen bzw. Produkten oder auf ein Unternehmen bezieht (vgl. Weis 1990, S. 321).

Musiksponsoring kann in die Werbung integriert werden, indem das musikalische Engagement zum Thema einer Werbebotschaft wird. Dies wird um so interessanter sein, je höher der Bekanntheitsgrad eines Gesponserten ist. Sofern der Name des Sponsors noch relativ unbekannt ist, kann im Zuge einer Verknüpfung des Sponsoring-Engagements mit der Werbung eine qualitative Werbe- und Sponsoringaussage erzielt werden, was im Rahmen einer Musikveranstaltung mit der schlichten Präsentation des Firmen- oder Markenlogos nicht möglich ist. Zudem läßt sich durch die gezielte Schaltung von Werbung, die ein Musik-Engagement dokumentiert, die Reichweite und der Bekanntheitsgrad eines Sponsorships erhöhen.

Um entsprechende Sponsoring-Botschaften zu kommunizieren, sind
- Werbeanzeigen,
- Hörfunk-Werbespots und
- Commercials

geeignete Werbemittel.

Welche Werbemöglichkeiten zur Dokumentation eines Musik-Engagements konkret wahrgenommen werden können, hängt letztlich vom jeweiligen Sponsorship und dessen vertraglichen Bestimmungen ab. Eine Integration ist sowohl in die Produkt-, in die Marken- als auch in die Unternehmenswerbung denkbar.

Werden Einzelkünstler oder Gruppen mit hohem Bekanntheitsgrad und Sympathiewert gesponsert, bietet sich die Einbeziehung dieser als Testimonials in die Anzeigenwerbung an. Zum einen können derartige Werbemaßnahmen eine wirkungsvolle Promotion für gesponserte Künstler darstellen, zum anderen können Gesponserte als Persönlichkeiten mit hoher sozialer Akzeptanz als Präsentatoren eines Produktes bzw. einer Marke dazu beitragen und helfen,

- die Aufmerksamkeit bei den Rezipienten zu erhöhen,
- ein neuartiges Produkt bekannt zu machen,
- das Produkt-/Markenimage zu beeinflussen,
- das Vertrauen in das Produkt/zur Marke zu stärken,
- dem Produkt/der Marke einen einzigartigen Verkaufsvorteil (USP) zu verschaffen (Reason-Why-Technik) und somit
- die Chancen am Absatzmarkt zu erhöhen.

Bei Werbespots für Hörfunk bzw. Commercials für Fernsehen oder Kino kann eine Werbebotschaft auditiv von einem Musikstück des Gesponserten begleitet werden. Durch die musikalische Untermalung wird die Botschaft vom Rezipienten plastischer und emotionaler erlebt. Mit derartigen Spots lassen sich zudem jene unmittelbarer ansprechen, denen die entsprechende Musik bekannt und sympathisch erscheint, die den/die Interpreten bisher jedoch weder namentlich noch fotografisch zuordnen konnten.

Wird ein Künstler mit einem relativ niedrigen Bekanntheitsgrad, ein Festival, ein Musical oder eine musikbezogene Organisation gesponsert, ist es sinnvoll, im Zuge einer Werbebotschaft zu dem jeweiligen Sponsorship hinsichtlich der individuellen Intention Stellung zu beziehen. Derartige Botschaften sind in den meisten Fällen unternehmensbezogen und dienen im wesentlichen

- der Promotion für die/den Gesponserten,
- der Bekanntmachung des Sponsorship,
- der Beeinflussung des Unternehmensimages,
- der glaubwürdigen Darstellung des Sponsorship in der Öffentlichkeit,
- der Stärkung des Vertrauens in das Unternehmen.

In Anlehnung an das gewählte Werbemittel sind die Werbeträger zu bestimmen, für deren Auswahl die Reichweite ein wesentliches Kriterium ist. Bei einem Sponsorship im Bereich der Pop- und Rockmusik bieten sich beispielsweise Insertionen in adäquaten Musikpublikums-, Jugendzeitschriften und Handels-Musikmagazinen sowie die Schaltung von Werbespots bei Hörfunk- und Fernsehsendern an, deren Zielgruppen vorwiegend junge Leute sind. Weiterhin wären Werbespotschaltungen im Kino oder über die MUVI (Music Show on Video) denkbar, ein Videoprogramm, das in Diskotheken (Point of Joy) und in Kaufhäusern (Point of Sale) Musikclips und Video-(TV-)Commercials für junge Leute präsentiert. Darüber hinaus können weitere innovative Werbeträger eingesetzt werden. Hierzu zählen z. B. Telefonkarten oder Gratis-Werbepostkarten. Vergibt ein Gesponserter Prädikate, so besteht die Möglichkeit, diese in die Werbung zu integrieren (siehe Kapitel 6.1.1.4.).

5.4.1.2. Musiksponsoring und Öffentlichkeitsarbeit

Die Öffentichkeitsarbeit (Public Relations) "dient als Grundlage dafür, daß das Unternehmen als Bestandteil seines gesellschaftlichen Umfeldes in diesem auch erfolgreich wirken kann". Sie hat zum Ziel, Vertrauen und Verständnis bei unterschiedlichen Zielgruppen (zum Beispiel Kunden, Lieferanten, Meinungsbildnern, Institutionen, Staat) zu gewinnen und zu festigen (Bruhn 1990, S. 232), um sich allgemein ein positives Firmenbild bzw. Image zu verschaffen. Hieraus resultiert, daß Öffentlichkeitsarbeit überwiegend unternehmens- und nicht produktbezogen ist.

Im Rahmen der Public Relations bietet sich die Möglichkeit, die Öffentlichkeit umfassend über Sponsoring-Aktivitäten zu informieren und mit relevanten Zielgruppen in einen Dialog zu treten, um die Sponsoring-Intention glaubhaft und widerspruchsfrei darzustellen. Grundsätzlich ist zwischen einer internen und einer externen Öffentlichkeitsarbeit zu differenzieren.

Eine gute Informationspolitik beginnt immer im eigenen Unternehmen. Die **interne Öffentlichkeitsarbeit** trägt zur Motivation und Identifikation der Mitarbeiter mit dem Unternehmen in entscheidener Weise bei, denn nur gut informierte und motivierte Mitarbeiter können für **ihr** Unternehmen als wirksame Meinungsmultiplikatoren und Botschafter nach innen und vor allem nach außen tätig sein und derart zu einem positiven Unternehmensimage beitragen. Eine Integration des Musiksponsorings in die interne Öffentlichkeitsarbeit fördert die innerbetriebliche Kommunikation und aktiviert bei den Mitarbeitern zudem die Auseinandersetzung mit dem Kulturgut Musik. Als Maßnahmen kommen in Frage (vgl. Bruhn 1991, S. 262):

- aktive oder passive Einbindung der Mitarbeiter in das Sponsoringereignis (vgl. Kapitel 4.1.1.),
- Erwähnung und Berichterstattung des Sponsorship in Haus- oder Werkszeitschriften bzw. -zeitungen, Broschüren, internen Rundschreiben etc.,
- Erwähnung des Sponsoring-Engagements bei Vorträgen, Podiumsdiskussionen, Betriebsbesichtigungen oder Seminaren.

Im Rahmen der **externen Öffentlichkeitsarbeit** besteht die wesentliche Aufgabe darin, ein Sponsorship über die Medien bekannt zu machen. Daher ist das Musiksponsoring in die Medienarbeit zu integrieren. Die Informationen an Journalisten und Medienvertreter sollten den Ereignischarakter eines Sponsorship widerspiegeln. Eine prägnante Stellungnahme hinsichtlich des musikalischen Engagements kann in der Öffentlichkeit Akzente setzen. Die Pressemitteilungen sind derart zu gestalten, daß das Sponsorship Interesse weckt und mehr ist, als nur etwas "Besonderes". Hierbei ist zu berücksichtigen, daß den Grundsätzen der Öffentlichkeitsarbeit entsprochen wird: Wahrheit, Offenheit und Informationsbereitschaft. Public Relations haben grundsätzlich auf Realitäten und nicht auf Vorstellungen zu beruhen (vgl. Meffert 1987, S. 495). Das jeweilige Sponsorship sollte für Dritte nachvollziehbar und glaubhaft erscheinen. Nur so kann eine positive Wirkung gegenüber Journalisten und in der Öffentlichkeit erzielt werden. Entscheidend für die Akzeptanz von Presse-Informationen sind ihre mediengerechte Aufmachung, ihr Nachrichtenwert und ihre Aktualität. In bezug auf den kulturellen Sektor Musik lassen sich insbesondere

- Uraufführungen,
- Eröffnungen von Tourneen,
- Finale von Musikwettbewerben,
- langfristige Sponsor-Partnerschaften, sowie
- Sponsorships, die dem Aspekt der gesellschaftlichen Verantwortung Rechnung tragen,

am besten in der Öffentlichkeit "vermarkten".

Es sollte selbstverständlich sein, daß im Rahmen der eigenen Öffentlichkeitsarbeit die Public Relations des Gesponserten unterstützt werden, womit weitgehend auch schon die in Frage kommenden Medien festgelegt sind. Die Vielfalt von musikorientierten Medien läßt hier ein hohes Maß an zielgruppenspezifischen Presse-Informationen zu. Folgende Medien, die entsprechend dem jeweiligen Sponsorship ausgewählt werden sollten, sind im wesentlichen zu berücksichtigen:

- Tageszeitungen (regional/überregional),
- Wochenzeitungen,
- Stadtmagazine,
- Musikpublikumszeitschriften,
- Musikfachzeitungen und -zeitschriften,
- Hörfunk (öffentlich-rechtlich/privat),
- TV (öffentlich-rechtlich/privat).

Nicht zuletzt aufgrund der Tatsache, daß musikalische Veranstaltungen häufig ein einmaliges Ereignis bleiben, nimmt die Musik in den meisten Feuilletons der Tageszeitungen tendenziell einen beträchtlichen Raum ein. Gegenüber Tageszeitungen berichten Stadtmagazine über Musikevents häufig in größerem Umfang als regionale Tageszeitungen. Für Musikpublikumszeitschriften und Musikfachpublikationen ist die Berichterstattung von musikalischen Ereignissen konzeptionell ein wesentlicher Bestandteil. Um hier eine Berichterstattung erwarten zu können, die beispielsweise über die bloße Terminankündigung einer Veranstaltung hinaus geht, sollte ein Event bzw. ein Sponsorship zumindest von überregionalem Interesse sein. Dies gilt ebenso hinsichtlich Hörfunk (Ausnahme: Lokalfunk) und TV (Ausnahme: Regionalfenster). Musikereignisse von nationalem Interesse können unter Umständen als Abspann von TV-Nachrichtensendungen (zum Beispiel im Abspann von Tagesthemen oder heute-journal) oder speziellen Kultursendungen (zum Beispiel Kulturreport oder Aspekte) ihren Platz finden.

Neben der Versendung von Pressemitteilungen kann es bei herausragenden gesponserten Ereignissen sinnvoll sein, eine Pressekonferenz einzuberufen, um Journalisten über die Kurzmeldungen hinaus mit ergänzenden Informationen zu versorgen. Auf diese Weise kann der Informationsstand der Medienvertreter verdichtet und modifiziert werden. Im Rahmen einer Pressekonferenz können technische Hilfsmittel zum Einsatz kommen. Zur Audiovisualisierung eines musikalischen Events kann ein eigens produziertes PR-Video das Ereignis in einer Form verdeutlichen, was so durch die reine Sprache nicht möglich wäre. Erlangt ein Sponsorship eine internationale Dimension, kann darüber hinaus eine Pressekonferenz mit Satellitenschaltungen arrangiert werden, sofern gesponserte Künstler, deren Manager oder Vertreter musikbezogener Institutionen etc. zum jeweiligen Termin nicht vor Ort sein können.

Wie die verantwortlichen Journalisten die Informationen zu einem Musikereignis aufnehmen, liegt letztlich in deren Ermessen. Den Medien wird es somit überlassen bleiben, welchen Stellenwert sie einem einzelnen Sponsorship beimessen und ob sie dieses als berichterstattenswert erachten. Nach wie vor sind leider viele Journalisten noch nicht gerne bereit, Sponsoren in den Feuilletons der Zeitungen namentlich zu nennen. Je höher Gesponserte leistungsmäßig einzustufen sind und/oder um so mehr sie ihre Identifikation mit dem Sponsor durch aktive Produkt- bzw. Leistungsnutzung im Alltag dokumentieren, um so eher greifen Medienvertreter die Diskussion um die tatsächliche Beziehung zwischen Sponsor und Gesponserten auf. Hier gilt es, sowohl für das sponsernde Unternehmen als auch für den/die Künstler über die Medien das Sponsorship positiv zu vertreten.

Gelingt es, Persönlichkeiten mit hohem gesellschaftlichem Rang als Gäste für eine gesponserte Veranstaltung zu engagieren, kann deren Auftritt zur Erhöhung der Aufmerksamkeit in den Medien beitragen. So fand beispielsweise 1992 sowohl die Einladung von Volkswagen an die Bundestagspräsidentin Rita Süssmuth zu einem Konzert der von VW gesponserten Rockgruppe Genesis als auch der Besuch der Politikerin bei der Veranstaltung die Aufmerksamkeit der Medien. Daniel Goeudevert, der damalige stellvertretende Vorstandschef der Volkswagen AG, verkündete stolz: "Es ist das erste Mal, daß sich eine Bundestagspräsidentin in eine solche ungewöhnliche Arena wagt" (zitiert nach Bodenstein 1992).

5.4.1.3. Musiksponsoring und Verkaufsförderung

Während Werbung und Öffentlichkeitsarbeit das Unternehmen und deren Markenprodukte im weiteren Sinne mittel- oder langfristig am Markt profilieren, dient die Verkaufsförderung (Sales Promotion), durch die Schaffung von zusätzlichen Anreizen für bestimmte Zielgruppen, der (kurzfristigen) Verbesserung und Förderung der Distribution und des Verkaufs von Produkten sowie der Stimulierung der Nachfrage (vgl. Meffert 1987, S. 490). Die verschiedenen möglichen Verkaufsförderungsmaßnahmen in Verbindung mit einem Musiksponsorship können sich an das eigene Verkaufspersonal, den Handel oder die Verbraucher richten.

Verkaufspersonalorientierte Förderung

Zu den verkaufspersonalorientierten Förderungsmaßnahmen, die sich an den Verkauf richten und helfen, dessen Leistungsfähigkeiten zu verbessern, zählt die Schaffung von Anreizen zur Steigerung der Motivation des Außendienstes. Um die eigenen Mitarbeiter zu besonderem Leistungswillen zu stimulieren, werden neben der im Außendienst ohnehin üblichen leistungsorientierten Entlohnung **Incentives** angeboten, die, gekoppelt an Wettbewerbe, materielle und/oder immaterielle Anreize geben. Incentive-Aktionen können an ein Sponsorship gekoppelt werden. Die Mitarbeiter werden zum gesponserten Ereignis eingeladen, wofür sie ein ganzes Paket an Annehmlichkeiten erhalten, damit das Incentive zu einem unvergesslichen Erlebnis wird. Die Prämie sollte in jedem Fall einen Hauch von Luxus vermitteln. Um dem Incentive einen außergewöhnlichen Charakter zu verleihen, sind Plätze in einer VIP-Lounge sowie ein Treffen mit einem Star nahezu selbstverständlich. Der Anreiz wird um so größer sein, je herausragender ein Musikereignis ist und um so mehr Annehmlichkeiten zusätzlich zur eigentlichen Veranstaltung hinzukommen (z. B. Reise zum Konzert mit Hotelaufenthalt).

Da Incentive-Maßnahmen **allen** Teilnehmern abseits ihrer Arbeitswelt Spaß und Freude bereiten sollen, ist zu berücksichtigen, daß aufgrund vorhandener heterogener musikalischer Geschmacksrichtungen der Mitarbeiter keine Identitätsprobleme eines oder einiger weniger Incentive-Teilnehmer entstehen. Daher bieten sich allgemein nur wenige musikalische Ereignisse für Incentives an.

Handelsorientierte Verkaufsförderung

Eine Maßnahme der handelsorientierten Verkaufsförderung stellt die Ausgestaltung der Verkaufsräume beim Handel dar. Hier bietet sich dem Hersteller die Möglichkeit durch entsprechende Maßnahmen auf ein Sponsorship aufmerksam zu machen. Die Werbung am Verkaufsort kann durch Bereitstellen von Display-Materialien erfolgen, die eine direkte Beziehung zum gesponserten Ereignis herstellen. Zudem können P.O.P.-Werbemittel in Form von Tür- und Fensteraufklebern, Plakaten oder sonstigen Sonderdekorationen am Point of Sale (PoS) eingesetzt werden. Ob der gesponserte Star als Pappsteller in Lebensgröße im Handel aufgebaut wird oder sonstige Plazierungshilfen das Sponsorship am PoS visualisieren - der Kreativität sind keine Grenzen gesetzt. Denkbar wäre auch die Gestaltung von Tragetaschen passend zum gesponserten Thema.

Da sich einige Händler nicht gerne die Mühe machen, das vom Hersteller erhaltene Display-Material einzusetzen, können für eine nicht routinemäßige Präsentation eines Produktes im Handel Incentive-Aktionen, ähnlich den verkaufspersonalorientierten Förderungsmaßnahmen, durchgeführt werden. Alternativ können Händler als Belohnung für eine P.O.P.-Präsentation zu einem Prominententreffen eingeladen oder mit Eintrittskarten für eine gesponserte Veranstaltung bedacht werden. Zusätzlich kann die Ausschreibung von Gewinnspielen für den Handel motivierend wirken.

Darüber hinaus besteht in Einzelfällen die Möglichkeit der Durchführung von Sonderveranstaltungen am Verkaufsort. Hierzu zählen neben Autogrammstunden mit gesponserten Künstlern, sogenannte Sales Contests. An Promotion-Ständen können Gewinnspiele mit innovativen Spielideen (Glücksrad, Ratespiele, Karaoke-Wettbewerbe etc.) veranstaltet werden, die Spaß und Unterhaltung vermitteln und gleichzeitig die Beziehung zum Gesponserten herstellen. Auf diese Weise kann ein direkter Kontakt zu den Konsumenten hergestellt und bei der Zielgruppe eine aktive Auseinandersetzung mit dem Produkt bzw. der Marke in Verbindung mit dem jeweiligen Musiksponsorship bewirkt werden.

Verbraucherorientierte Verkaufsförderung

Die verbraucherorientierte Verkaufsförderung zielt vornehmlich auf die Schaffung eines Kaufreizes beim Endverbraucher ab. Im Umfeld einer gesponserten Musikveranstaltung können beispielsweise im Rahmen von Field Promotion-Aktivitäten kostenlos Produktproben an die Besucher verteilt werden, um diesen die Möglichkeit zu gewähren, das Produkt zu testen (Sampling). Weiterhin ist die

Aushändigung von Gutscheinen oder Coupons denkbar, die den Zuschauern bei Abgabe oder Einsendung bestimmte Kaufvorteile bescheinigen.

Eine weitere Variante der Einbindung des Musiksponsorings in verbraucherorientierte Maßnahmen stellt die Durchführung von Gewinnspielen dar, insbesondere in Form von Preisausschreiben. Allgemein sind Preisausschreiben in hohem Maße geeignet, bei den unternehmensrelevanten Zielgruppen Aufmerksamkeit zu erlangen (vgl. Stottmeister 1988, S. 111 ff.). Mit der Auslobung attraktiver Preise, die in einem engen Zusammenhang zum gesponserten musikalischen Ereignis stehen, kann der Aufmerksamkeits- und Wirkungsgrad eines Sponsorship erhöht werden. Die Aufgaben, die den Teilnehmern gestellt werden, sollten einen Bezug zum Gesponserten herstellen. Bei der Gestaltung von Preisausschreiben sind der Kreativität keine Grenzen gesetzt. So kann bereits die Angabe einer Telefonnummer mit entsprechendem Hinweis auf Produkt-Verpakkungen die Konsumenten zum Mitspielen animieren. Um den Wunsch zur Teilnahme bei relevanten Zielgruppen zu verstärken, bietet sich vor allem die Ausschreibung von sogenannten "Traumpreisen" an, die einen gewissen Prestigewert oder einen ideellen Zusatznutzen besitzen. Beispielsweise sind Reisen zu Konzerten eines gesponserten Stars in Verbindung mit einem Treffen des Künstlers im Backstagebereich aufgrund ihres individuellen Charakters geeignet, emotionale Wirkung zu erzielen, da derartige Gewinne in dieser Form gewöhnlich nicht buchbar sind. Dem Konsumenten wird auf diese Weise angeboten, als möglicher Gewinner unmittelbar am gesponserten Ereignis teilzuhaben. Solche "Gewinnspiel-Aktionen" können durchaus PR-Wirksamkeit erlangen und bei entsprechender Zusammenarbeit mit den Medien allgemeines öffentliches Interesse wecken. Als Trostpreise sollten "unikate Gegenstände" ausgelobt werden, die im direkten Zusammenhang zum jeweiligen Sponsorship stehen. Hier bieten sich Merchandise-Artikel, CDs, Konzert-Tickets etc. an.

5.4.1.4. Musiksponsoring und persönlicher Verkauf

Der persönliche Verkauf kann als eine zwischenmenschliche Kommunikationsform angesehen werden, bei der die Marktpartner, insbesondere potentielle Käufer über ein Angebot informiert, "von seiner Qualität überzeugt und hinsichtlich der Verwendung und Auswahl beraten werden" (Weis 1990, S. 377). Wie bereits erwähnt, ist das Musiksponsoring mit dem persönlichen Verkauf, der in vielen Unternehmen eine zentrale Stellung innerhalb des Marketing-Mix einnimmt, nur bedingt verknüpfbar. Folgende integrative Einsatzmöglichkeiten sind denkbar:

Verkaufsgespräche im Umfeld einer gesponserten Veranstaltung

Im Umfeld einer gesponserten Musikveranstaltung ergibt sich der persönliche Verkauf im wesentlichen im Rahmen distributiver Maßnahmen (siehe Kapitel 5.2.).

Gesponserte Künstler bzw. Musiker als Repräsentanten

Der Einsatz gesponserter Künstler bzw. Musiker als Repräsentanten erscheint vor allem dann sinnvoll, wenn die Produkte des Sponsors eine Nähe zur Musik (= hohe Produktaffinität) besitzen und/oder dem Gesponserten ein hoher Bekanntheitsgrad zukommt und dieser aufgrund seiner Persönlichkeit eine hohe soziale Akzeptanz besitzt. Der Idee vom Einsatz gesponserter Künstler bzw. Musiker als Repräsentanten ist der Gedanke zugrunde zu legen, daß die Persönlichkeitsmerkmale des Verkäufers für einen erfolgreichen Verkaufsvorgang ausschlaggebend sind. Da Verkaufsaufgaben unterschiedlich strukturiert sind und der Leistung des Verkäufers hinsichtlich seiner Beratungs- und Überzeugungsfähigkeiten gegenüber Kunden um so mehr abverlangt wird, je erklärungsbedürftiger Produkte sind (vgl. Meffert 1987, S. 481 ff.), dürfte die Verknüpfung eines Sponsorships mit dem persönlichen Verkauf in dieser Form allgemein schwierig und, sofern ein Gesponserter die Voraussetzungen zu einem erfolgreichen Präsentator mitbringt, eher zufälliger Natur sein.

5.4.2. Integration mit innovativen Kommunikationsformen

Die Betrachtung der klassischen Kommunikationsformen, in Verbindung mit den Einsatz- und Gestaltungsmöglichkeiten des Musiksponsorings, hat bereits das Potential des Musiksponsorings und die Nutzbarkeit von Synergiewirkungen bei entsprechender Intensität angedeutet. Im folgenden werden nun die innovativen Kommunikationsformen Direct Marketing, Product Placement sowie das gesamte Sponsoring-Mix hinsichtlich ihrer Kombinations- und Vernetzungsmöglichkeiten mit dem Musiksponsoring untersucht.

5.4.2.1. Musiksponsoring und Direct Marketing

Direct Marketing versucht einen direkten, individuellen Kontakt zu bestimmten Zielpersonen herzustellen, die darauf abzielen, eine Reaktion der Angesprochenen zu erreichen. Ein Bereich des Direct Marketing ist die Direktwerbung (Direct

Mail). Hierzu zählt unter anderem die Gestaltung und Durchführung von Werbeaktionen in Form der Postversendung von Briefen, Antwortkarten, Katalogen oder Prospekten. Häufig wird Direct Mail in Verbindung mit Verkaufsförderungsmaßnahmen (z. B. Preisausschreiben) eingesetzt.

Die zielgerichtete Ansprache im Rahmen des Musiksponsorings kann sich sowohl auf Consumer- als auch auf Business-to-Business-Märkte beziehen (vgl. Bruhn 1991, S. 56). In einem persönlichen Anschreiben können exakt definierte Zielgruppen auf ein Sponsorship hingewiesen und die Intention des musikalischen Engagements auf der Basis eines individuellen Dialogs "persönlich" erläutert werden. Hinweise auf Veranstaltungstermine, eine Einladung zum musikalischen Ereignis oder die Verlosung von Konzerttickets können eine derartige Kommunikation einschließen. Erfolgt eine gezielte Ansprache im Vorfeld klassischer Kommunikationsmaßnahmen, die das Sponsorship allgemein vorstellen, erhält der Empfänger des Briefes eine Art "Exklusivstatus", wobei ihm bei frühzeitiger Kartenbestellung die Teilnahme an dem gesponserten Event zugesichert wird. Ein solcher Sonderstatus kann zu einem engeren Kontakt des Adressaten mit dem Unternehmen beitragen. Beispielhaft soll auf eine Aktivität von American Express hingewiesen werden. American Express sponserte 1992 die größte Arena-Opern-Produktion der Welt, Georges Bizets Carmen, die vom 18. bis 22. Dezember in der Dortmunder Westfalenhalle aufgeführt wurde. Die Premiere mit Julia Migenes und José Carreras war ausschließlich American Express-Mitgliedern vorbehalten, die anläßlich dieses außergewöhnlichen Events persönlich angeschrieben wurden. Zu dem individuellen Anschreiben erhielten die Mitglieder neben einer Bestellkarte mit Antwortkuvert ein Informations-Faltblatt, das die mehrtägige Veranstaltung als "das Opernereignis des Jahres" vorstellte. Den Inhabern einer Platinum American Express-Card wurde zudem offeriert, ein exklusives VIP-Arrangement zu buchen. Neben einer Eintrittskarte der ersten Kategorie wurde den Platinum-Card-Besitzern ein anspruchsvoller Rahmen in Form eines Empfangs angeboten sowie ein anschließendes geselliges Beisammensein mit Champagner und einem erlesenen Buffet.

5.4.2.2. Musiksponsoring und Product Placement

Aufgrund der Komplexität und hinsichtlich der verschiedenen Formen und Einsatzmöglichkeiten ist Product Placement ein modernes, eigenständiges Kommunikationsinstrument. Steffen Hormuth definiert Product Placement als "geplante Plazierung verschiedener Objekte in kompatiblem Umfeld gegen Entgelt", wobei ein sachlich begründeter Zusammenhang bestehen muß (Hormuth 1993, S. 82).

Bezogen auf den Einsatzbereich Musik kann Product Placement als Plazierung von Markenartikeln im weiteren Sinne als (reale) Requisite in der Handlung eines
- Musiktheaterstücks,
- Musikvideos (Videoclip),
- Musikspielfilmes,
- auf der Bühne während eines Konzertes oder
- auf dem Cover einer Musikproduktion

verstanden werden, wobei für den Betrachter jeweils die Marke deutlich erkennbar ist oder darauf aufmerksam gemacht wird (in Anlehnung an Bente 1990, S. 22 ff., Berndt 1993, S. 675, Wiedermann 1987, S. 122). Auf diese Weise erhält ein Markenprodukt seine Verbrauchs- bzw. Gebrauchsautorität durch den Darsteller bzw. die Künstler. Erlebt der Rezipient die Produktverwendung als selbstverständlich, kann die Identifikation der Konsumenten mit den Darstellern bzw. Künstlern und deren Vorbildfunktion den positiven Imagetransfer verstärken.

Wird eine gezielte Produktplazierung im Rahmen eines Sponsorship kommunikativ angestrebt, sind Product Placement-Maßnahmen im Rahmen eines Sponsoring-Vertrages zu vereinbaren. Meist handelt es sich bei der aktiven Produktnutzung von Interpreten im Rahmen ihres künstlerischen Schaffens um Endorsements (vgl. Meenaghan 1983, S. 10). Die im folgenden genannten Beispiele basieren keineswegs alle auf Sponsoring-Maßnahmen im engen technischen Sinne. Vielmehr sollen sie die Einsatz- und Gestaltungsmöglichkeiten des Product Placement im Sektor Musik verdeutlichen.

Im **Musiktheater**-Bereich ist die Plazierung von Markenprodukten in die Handlung oder die Gestaltung des Bühnenbildes in erster Linie bei modernen Musicals denkbar. So hat beispielsweise das Musical Cats durch diverse Produktplazierungen auf sich aufmerksam gemacht - in der Praxis kommt Product Placement hier allerdings (noch) keine große Bedeutung zu.

Die Einbindung eines Markenartikels kann zudem bei **Live-Konzerten** auf der Bühne erfolgen. So wird für Instrumentenhersteller Product Placement zur wirksamen Ausdrucksform eines Sponsorship, indem sie ihre Musikinstrumente mit erkennbarem Marken- bzw. Firmenlogo auf der Bühne plazieren. Des weiteren kann diese Variante für Unternehmen einiger Branchen der Konsumgüterindustrie von Interesse sein. Aufgrund des bereits erwähnten Wirkungszusammenhangs zwischen Mode und Musik (siehe Kapitel 5.1.) gilt dies insbesondere für Unternehmen der Bekleidungsindustrie. Hier erhält ein Musik-Engagement seine kommunikative Effizienz, wenn Künstler die entsprechende Kleidung (das Produkt) am Körper tragen. Ein Beispiel ist die Werbe-Partnerschaft zwischen Adidas und der amerikanischen Rap-Band Run DMC, die in den achtziger Jahren bei ihren Konzerten mit Adidas-Sportkleidung auftrat. Ihre Vorliebe für Adidas-Produkte dokumentierte die Band darüber hinaus mit der Single "My Adidas", die 1986 zur bestverkauften Single aus ihrem Millionenseller-Album "Raising Hell" wurde. In jüngster Zeit standen oder stehen weitere renommierte Künstler bzw. Musikgruppen in enger Verbindung zur Marke Adidas: unter anderem Marky Mark, New Kids On The Block, Die Prinzen und Peter Maffay (Martin 1992). Ein weiteres Beispiel: Homeboy, Hersteller von Streatwear-Kollektionen, sponsert seit 1991 die deutsche Hip Hop-Gruppe "Die Fantastischen Vier", deren Mitglieder nicht nur bei ihren Konzertauftritten die neueste Homeboy-Mode sichtbar am Körper tragen.

Eine weitere Möglichkeit für Product Placement bietet die Plazierung eines Markenartikels im **Videoclip** des Gesponserten. Für die meisten erfolgreichen Interpreten der Pop- und Rockmusikszene produzieren Tonträgerfirmen zur Promotion einer aktuellen CD einen Videoclip, der ein Musikstück in Form eines kurzen Films visuell untermalt. In der Regel sind Musikvideos international ausgerichtet. Das Hauptmedium in Deutschland ist zur Zeit MTV. Der Programminhalt dieses Musiksenders, der eigenen Angaben zufolge das Musikvideo kreierte, besteht zum größten Teil aus der Ausstrahlung von Videoclips. Seit Dezember 1993 konkurriert Viva-TV als deutscher Musik-Fernsehsender um die Gunst der Kids. Musikvideos werden zudem in Diskotheken, Rockcafes, Boutiquen, Jeans- oder CD-Läden präsentiert, soweit Bildschirme bzw. Leinwände fester Bestandteil des Inventars sind. Als das wohl auffälligste Beispiel für Product Placement in einem Musikvideo gilt die dreißig Sekunden lange Darstellung des Citroën CX, mit dem die Pop-Sängerin Grace Jones in einem vierminütigen Videoclip zu ihrem Song "Slave to the rhythm" durch die Wüste fährt (vgl. Bürger 1986, S. 208). Daß diese Art der kommunikativen Präsenz erfolgreich sein kann, beweist die bereits erwähnte Werbe-Partnerschaft zwischen dem Sportartikelhersteller adidas und der Rap-Formation Run DMC. Nicht zuletzt aufgrund der Ausstrahlung des Videoclip "My Adidas" bei MTV entwickelten sich die von der Band getragenen und angepriesenen Turnschuhe zum Verkaufsrenner. Hier erwies sich das Medium Videoclip als "Mode-Info" für junge Leute.

Eine weitere Variante stellt das Product Placement auf dem **Cover** einer aktuellen Compact Disc (CD), Musik-Cassette (MC), Langspielplatte (LP) oder Videokassette dar. Diese Form des Product Placement findet bisher vorwiegend seinen Einsatz bei der Vermarktung von Musikstücken, die Werbespots musikalisch unterstützen. Das ist ganz im Interesse der Tonträgerfirmen, die mit solchen Maßnahmen den Wiedererkennungseffekt des jeweiligen Werbesongs am Point of

Sale verstärken. Beispielsweise ist der Honda CRX auf dem Cover der Single-CD "California Dreamin'" von The Mamas & The Papas abgebildet. Dieser Werbehit gehört zur TV-Präsentation des entsprechenden Cabrios. Neben den Käufern der Musikproduktionen können weitere bestimmte unternehmensrelevante Zielgruppen im Rahmen von Verkaufsförderungsmaßnahmen (Gewinnspiele, Vergabe von Kundenpräsenten etc.) angesprochen werden.

Für den Einsatz des Product Placement bei **Musikspielfilmen** gelten Regeln wie sie die Beteiligten (Medien, Gesetzgeber, Unternehmen, Film- und Fernsehproduzenten) bei der Inszenierung von Spielfilmen oder Fernsehserien zugrunde legen würden (vgl. Berndt 1993, S. 675 ff., Hormuth 1993, S. 82 ff.). Als Beispiel ist der Musikspielfilm Flashdance und das Product Placement von Pepsi-Cola anzuführen (vgl. Berndt 1989, S. 207).

5.4.2.3. Musiksponsoring im Sponsoring-Mix

Einige wenige Unternehmen, die Sponsoring als Marketinginstrument im Rahmen ihrer Kommunikationspolitik einsetzen, richten ihr Engagement ausschließlich auf den Bereich Musik aus. Dies kann beispielsweise in einer hohen Produktaffinität zur Musik begründet sein. Die meisten betreiben jedoch aus unterschiedlichen unternehmens- und marketingpolitischen Gründen ein heterogenes Sponsoring. Sie engagieren sich sowohl in den Bereichen Sport und Kultur als auch in den Sektoren Soziales und Umwelt. Die verschiedenartigen Sponsorships lassen sich zu einem Sponsoring-Mix zusammenfügen. Hierbei kann zwischen dem horizontalen und dem vertikalen Sponsoring-Mix differenziert werden (vgl. Bruhn 1991, S. 406 f.):

- Das horizontale Sponsoring-Mix koordiniert und kombiniert die unterschiedlichen Sponsoringbereiche, in denen das jeweilige Unternehmen tätig ist bzw. sein möchte.

- Das vertikale Sponsoring-Mix koordiniert die Aktionen und Aktivitäten bezüglich eines einzelnen Sponsoringbereiches.

Sponsoring-bereiche	Musik-sponsoring	Kultur-sponsoring	Sozio-/Öko-sponsoring	Sport-sponsoring
Sponsoring-arten	* Klassische Musik * Neue Musik * Oper * Musical * Jazz * Pop- und Rockmusik * Schlager * Volksmusik * etc.	* Bildende Kunst * Theater * Literatur * Film * Heimat- und Brauchtums-pflege * Denkmal-pflege * Fotografie * etc.	* Gesund-heits-fürsorge * Sozialwesen * Umwelt- u. Naturschutz * Artenschutz * etc.	* Fußball * Eishockey * Basketball * Handball * Golf * Tennis * Leicht-athletik * Eiskunstlauf * etc.
Sponsoring-formen * Einzel-personen * Gruppen * Organi-sationen * Veran-staltungen * etc.	VERTIKAL ↓	HORIZONTAL →		

Abbildung 6: Horizontales und vertikales Sponsoring-Mix
(in Anlehnung an Bruhn 1991, S. 407)

Um in den unterschiedlichen Sponsoringsegmenten ein "Verzetteln" zu vermeiden, wodurch die angesprochenen Zielgruppen irritiert werden und unnötige Kosten entstehen könnten, sollten Schwerpunkte gesetzt werden. Das horizontale Sponsoring-Mix bietet zahlreiche Möglichkeiten, Musiksponsoring mit Themen weiterer Sponsoringbereiche zu verknüpfen. Dies kann sowohl aus eigener Initiative heraus und in Absprache mit einem Gesponserten geschehen als auch durch Ausnutzung eines bestehenden Engagements des Gesponserten auf dem Sektor eines weiteren gesellschaftsrelevanten Themas. Ziel einer Verknüpfung ist die Steigerung des Aufmerksamkeits- und Wirkungsgrades eines Sponsorship.

Da die Musik eine Ausdrucksform der Kunst ist, ist der Bezug zu weiteren Arten des Kultursponsorings im Sponsoring-Mix am nächsten. Es gab und gibt zahlreiche Künstler, die verschiedene Kunstformen nutz(t)en, um ein Thema oder einen "Inhalt" auszudrücken. Ein Beispiel: Arnold Schönberg (1874-1951) gilt nicht nur als eine der herausragenden Größen der Musik unseres Jahrhunderts. Vielmehr hat er auch als Maler mit großartigen Bildern und Aquarellen beeindruckende künstlerische Qualitäten gezeigt. Sicherlich hat die Musik mit ihren unterschiedlichen Facetten gegenüber der Malerei, dem Schauspiel oder der Literatur ihre eigenen Kraftfelder. Zahlreiche Kulturfestivals, deren Programme aus einer Mischung von Theater, Kabarett, Comedy, Malerei und verschiedensten musikalischen Genres bestehen, verbinden Musik mit weiteren Kunstformen. Ein Engagement bei einem derartigen Festival wird schnell zu einem "musik-überschreitenden" Sponsorship. Auch "rein" musikalische Veranstaltungen werden von weiteren Kunst-Aktivitäten umrahmt. Beispielhaft soll in diesem Zusammenhang auf die Ausstellung "Erscheinungen aus dem Jetzt" hingewiesen werden, die von BMW im Rahmen der dritten Münchener Biennale 1992 veranstaltet wurde. Mit dieser Ausstellung, die eine Symbiose aus Musik, Kunst, Design, Technik und Architektur darstellte, wurde während des von BMW gesponserten Festivals für Musiktheater das weitgefaßte kulturelle Engagement des Automobilkonzerns dokumentiert.

Des weiteren kann ein Musik-Engagement die Brücke zu zeitgemäßen sozialen und ökologischen Feldern spannen und somit soziale Verantwortung hinsichtlich gesellschaftsrelevanter Fragen dokumentieren, die nicht im unmittelbaren Zusammenhang zur Musik stehen. Benefiz-Konzerte zur Förderung der Krebs-, Aids- oder Drogenhilfe oder zur Unterstützung von Krankenhäusern und Jugendzentren können ebenso gesponsert werden wie Tourneen oder Tonträgerproduktionen zugunsten von Naturschutz- oder Tierschutzaktionen. Für die Verknüpfung von Musiksponsoring-Engagements mit sozialen Themen seien als Beispiele genannt:

- American Express initiierte in Zusammenarbeit mit der Stadt Frankfurt 1990 ein Benefiz-Konzert des Gewandhausorchesters Leipzig unter der Leitung von Kurt Masur. American Express "spendete" anläßlich dieser Veranstaltung 250.000 DM, die einer medizinischen Einrichtung für geistig und körperlich behinderte Kinder in Leipzig zugute kamen (vgl. Wegerhoff 1992).

- Das sinfonische Orchester Klassische Philharmonie Telekom Bonn, dem das Unternehmen Telekom als Sponsor seinen Namen gab, kooperiert mit dem Kinderhilfswerk der Vereinten Nationen UNICEF. Mit dem Verkauf jeder

CD (Telekom-Edition) der Aufnahme "Der Nußknacker" von Tschaikowsky fließen 3 DM als Spende für UNICEF ab.

- Douwe Egberts Agio sponserte 1993 mit seiner Marke Drum die Tournee der Pop-Gruppe "Bobo in the white wooden Houses" in den neuen Bundesländern. Gleichzeitig unterstützte Douwe Egberts Agio an den Veranstaltungsorten von der Band ausgewählte soziale Projekte.

Wo sich Musik, Kunst und Sport als kulturelle Erscheinungsformen ergänzen, bietet auch der Sport Integrationsmöglichkeiten. So werden nicht selten sportliche Großveranstaltungen von Kulturprogrammen flankiert, die für Sponsoren die Verbindung eines Kultur-Engagements mit dem Sport bzw. eines Sport-Engagements mit der Musik bzw. Kunst ermöglichen. Ein Beispiel: Der Esslinger Kultursommer galt 1993 als "offizielles Kulturprogramm" der Leichtathletik-Weltmeisterschaften in Stuttgart.

Eine sportliche Variante stellt der Auftritt von gesponserten Künstlern im Rahmen von Sportveranstaltungen wie bei Wettkämpfen nationaler oder internationaler Meisterschaften, bei "Show"-Turnieren, Sportmessen oder Sportbällen dar. Beispielsweise setzte die Telekom durch den Auftritt der Klassischen Philharmonie Telekom Bonn zusammen mit dem Startenor José Carreras beim Ball des Sports 1992 ihr Musiksponsorship mit sportlichem Engagement in Beziehung. Neben dem Live-Auftritt von Künstlern im Rahmen von Sportveranstaltungen sind Präsentationen über eine (Groß-)Leinwand mit Sponsorhinweis denkbar.

Besteht bereits ein Sponsorship mit einem Sportverein, kann ein musikalisches Engagement über die sportlichen Aktivitäten hinaus die enge Verbindung zwischen Verein und Sponsor dokumentieren. Zahlreiche Sportvereine veranstalten für ihre Mitglieder, Freunde und Fans musikalische Events, beispielsweise in einer saisonbedingten Pause. Der Verein erhält auf diese Weise zusätzliche Einnahmen und verschafft sich in der spielfreien Zeit Medienwirkung. Ein Vereinssponsor kann mit seinem Engagement dazu beitragen, daß ein attraktives Programm mit anerkannten Künstlern präsentiert wird, das sowohl den Vorstellungen des Vereins als auch des Sponsors entspricht. Derartige Kampagnen sind zwar kein Beleg für Musiksponsoring im engen technischen Sinne, tragen mit ihrem Event-Marketing-Charakter jedoch zu einer interessanten Verbindung zwischen sportlichem und musikalisch-kulturellem Engagement bei. Ähnliches gilt für sportliche Wettkämpfe, die Unternehmen neu ins Leben rufen. Insbesondere für Trendsportarten werden zur Ansprache jugendlicher Zielgruppen aktionsgeladene Ereignisse aus der Taufe gehoben. Ein Beispiel für sportübergreifendes Event-Marketing in diesem Sinne ist die von Adidas 1993 initiierte Streetball-

Challange-Tour. Streetball ist **der** Sport in den Armenvierteln der USA und mehr als nur Basketball auf der Straße. Dieser Sport ist Lebensphilosophie und Symbol für Überlebenskampf und sozialen Aufstieg in den Gettos amerikanischer Großstädte. Untrennbar mit Streetball ist der Beat der Schwarzen verbunden: Rap und Hip Hop. So präsentierte Adidas den Szene-Kids im Rahmen des "Adidas Streetball-Challenge" ein Kulturcocktail mit einer Mischung aus Basketball, Rap-Musik und Getto-Romantik. Anläßlich der Turniere in Deutschland engagierte Adidas beispielsweise die Bremer Rap-Band "2 Faces", deren bekanntester Song bezeichnenderweise "Streetball" heißt (vgl. o.V. 1993c, S. 18 ff.).

6. Formen und Maßnahmen des Musiksponsorings

Eine wesentliche Aufgabe bei der Sponsoring-Planung besteht darin, eine optimale vertikale Koordination der verschiedenen an ein Engagement gekoppelten Aktivitäten vorzunehmen (vgl. Bruhn 1991, S. 407). Hierbei sind die unterschiedlichen Sponsoringformen auf die jeweilige Sponsoringart und die relevanten Zielgruppen abzustimmen, wobei aus einer Vielzahl an Formen und Maßnahmen ausgewählt wird. Die Bandbreite reicht vom Sponsoring von Musikveranstaltungen und der Unterstützung von Solisten oder Gruppen über das Sponsoring von musikbezogenen Organisationen bis hin zur Förderung von Wettbewerben oder Tonträgerproduktionen und den Möglichkeiten des TV- und Hörfunk-Programm-Sponsoring.

6.1. Sponsoring von Musikveranstaltungen

Live-Präsentationen gehören zum wesentlichen Bestandteil des Musikbetriebs und stellen für Zuschauer bzw. Zuhörer ein besonderes Freizeiterlebnis dar. Das Veranstaltungsangebot im Bereich Musik ist außerordentlich umfangreich. Die Vielfalt reicht von ländlichen Bläsermusiken und Chortreffen über philharmonische Konzerte bis hin zu mehrtägigen Rockfestivals. Da die Kosten für die Planung und Durchführung von Musikveranstaltungen mit wachsender Qualität tendenziell steigen, sind immer mehr Künstler und Organisationen bereit, Sponsoren zu akquirieren. Die Erzielung von zusätzlichen Einnahmen dient im wesentlichen der (Teil-)Finanzierung von Veranstaltungen, bei denen Honorar-, Versicherungs-, Transportkosten, Kosten für Raummieten, für besondere Bühnenarrangements, für die Bereitstellung von Sicherheits- und Ordnungspersonal, für Werbung und vieles mehr anfallen können. So verursachen im Bereich der Pop- und Rockmusik vor allem Open-Air-Konzerte, aufgrund immer aufwendiger gestalteter Bühnenshows, enorme Kosten, die vielfach allein für die lokale Durchführung mehr als 1,5 Millionen DM betragen (vgl. Kowalewsky 1992, S. 108 f.).

In Abhängigkeit von Musikrichtung und Intensitätsgrad eines Sponsorship bietet sich die Nutzung verschiedener kommunikativer Maßnahmen im direkten und indirekten Umfeld von Musikveranstaltung an, wobei zwischen Haupt- und Co-Sponsor zu differenzieren ist:

- Präsentation des Sponsorlogos auf
  - Eintrittskarten,
  - Veranstaltungsplakaten,
  - Insertionen mit Veranstaltungshinweisen,
  - Konzerthandzetteln,
  - Besetzungszetteln,
  - Transportfahrzeugen (z. B. auf Trucks für Instrumente, Anlagen oder Reisebusse für Künstler) etc.
- Insertionen in
  - Programmheften,
  - Broschüren,
  - Leporellos,
  - Faltblättern etc.
- Herausstellung in der Öffentlichkeitsarbeit,
- Pressearbeit und -betreuung,
- Pressekonferenzen,
- Medienpartnerschaften mit TV-, Radiosendern und Printmedien,
- Informations-Hotline,
- Vor-Promotions,
- Field-Promotions (zum Beispiel Einsatz von Give-Aways),
- Anbringen von Fahnen oder Banner (beispielsweise vor einer Konzerthalle),
- Produktpräsentation und/oder -verkauf,
- Einladung von Geschäftspartnern (Einrichtung eines Hospitality-Services, VIP- Lounges),
- Ausstattung des VIP-Bereichs (Drinks, Food etc.),
- Übernahme des Kartenvorverkaufs,
- Leistung des Fahrservice.

Während Veranstaltungen bzw. Konzerten mit Akteuren der Pop- und Rockmusik (das gilt auch zum Teil für Jazz) sind weitere werbliche Maßnahmen realisierbar. Hierzu zählt vor allem der Einsatz von Bandenwerbung bzw. das Anbringen von Bannern in Bühnennähe, was jedoch bei Aufführungen klassischer oder zeitgenössischer Musik (noch) schlecht vorstellbar ist. Je nach Gestaltung der Banner ist zu empfehlen, diese an den Seitenwänden zu plazieren. Bei größeren Open-Air-Veranstaltungen können sie zudem am Gerüst über dem Mischpult angebracht werden, das durch seinen zentralen Standort im Blickfeld vieler Besucher steht. Die Präsenz durch Bandenwerbung bzw. Banner kann im Hinblick auf eine Berichterstattung der Medien, insbesondere des Fernsehens, von besonderem Interesse sein. Wird ein Konzert ausschnittweise oder in voller Länge vom Fernsehen ausgestrahlt, vergrößert sich bei Einblendung des Sponsorlogos die Reichweite um das zusätzliche Publikum an den Bildschirmen. Da Konzerte der Pop- und Rockmusik vorwiegend von Jugendlichen und jungen Erwachsenen besucht werden, spielt hier das Merchandising eine bedeutende Rolle. Vor allem T-Shirts mit aufgedruckten Namen, Tourdaten, Bildern von Musikgruppen oder einzelner Musiker etc. finden bei derartigen Musikveranstaltungen reißenden Absatz. Kooperatives Merchandising mit Künstlern bzw. Veranstaltern zielt darauf ab, das Sponsorlogo auf den verfügbaren Fanartikeln zu präsentieren, zu denen neben T-Shirts vor allem Aufkleber, Anstecknadeln, Autogrammpostkarten und Poster zählen. Darüber hinaus kann das Personal vor Ort (Ordner, Roadies, Techniker, Musiker etc.) mit Kleidungsstücken (T-Shirts, Overalls, Jacken etc.) ausgestattet werden, die das Emblem des Sponsors tragen und/oder in den Unternehmens- bzw. Markenfarben gestaltet sind. Bei Konzerten mit internationalem Charakter, vor allem bei Open-Air-Veranstaltungen, gehören immer häufiger Video-Leinwände zur Bühnenausstattung, die dem Publikum ein zusätzliches Showelement vermitteln. Vor Beginn eines Live-Acts können Werbespots via Videoleinwand eingesetzt werden.

Für jede Musikrichtung ist zwischen dem Sponsoring von Einzelveranstaltungen und dem von Tourneen bzw. Konzertreihen zu differenzieren.

6.1.1. Sponsoring von Einzelveranstaltungen

Bei Einzelveranstaltungen handelt es sich entweder um ein Konzert, um eine Aufführung eines Solisten, einer Musikgruppe bzw. eines Ensembles oder um ein Festival, an dem mehrere Künstler und/oder Gruppen teilnehmen. Im allgemeinen übernimmt der Ausrichter die Aufgabe, Sponsoren zur (Teil-)Finanzierung einer Veranstaltung zu akquirieren. Hier wird ein Unternehmen direkter Geschäftspartner eines Veranstalters. Es ist daher besonders wichtig, einem Organisator gegenüberzustehen, der aufgrund seiner Erfahrung einen hohen Grad an Professionalität nachweisen kann (vgl. Püttmann 1991, S. 28 f.). Andernfalls ist es möglich, daß Unternehmen mit unprofessionellen Veranstaltern, denen nichts an kontinuierlicher Arbeit gelegen ist, Sponsoring-Verträge für Veranstaltungen abschließen, deren Verlauf am Ende nicht den versprochenen und gewünschten Vorgaben entspricht. Ein Sponsorship kann auf die Dauer einer Einzelveranstaltung begrenzt sein. Finden Musikfeste periodisch statt, sind Veranstalter meist bemüht, Sponsoren längerfristig an sich zu binden, um mit den zu erwartenden Geldern für kommende Programme planen zu können. Die Unterstützung einer Einzelveranstaltung kann als Haupt- oder als Co-Sponsor erfolgen. Für einen Exklusiv-Sponsor kommen alternativ die Varianten Titel-Sponsoring und Presenting in Frage. Werden vom Veranstalter Prädikate vergeben, bietet sich deren kommunikative Nutzung an.

6.1.1.1. Titel-Sponsoring

Einem Sponsorship kann durch die Integration des Unternehmens- oder Markennamens in den Titel einer Musikveranstaltung auf besondere Weise Ausdruck verliehen werden, womit die dominante Stellung eines Hauptsponsors hervorgehoben wird. Erhält ein traditionelles Ereignis infolge eines Sponsorships einen neuen Titel, ist nicht zwingend zu erwarten, daß der gewünschte Effekt von Beginn an eintritt und die offizielle Benennung in der Öffentlichkeit und den Medien große Beachtung findet. So wird unter Umständen eine längere Entwicklungsphase zur Etablierung des neuen Veranstaltungsnamens nötig sein, um den Titel im Gedächtnis der Zielgruppen zu verankern. Diese Erkenntnis kann aus Erfahrungen im Sport abgeleitet werden. Beispielsweise findet die offizielle Benennung der "Vierschanzentournee" als "Intersport Springer Tournee" weder in der Öffentlichkeit noch in den Medien große Beachtung. Diese Form des Sponsorings scheint daher am ehesten für neu ins Leben gerufene Veranstaltungen geeignet. Als Beispiel sei das "Benson and Hedges Music Festival" erwähnt, bei dem der Zigarettenhersteller als Namensgeber für ein mit international bekannten Künstlern veranstaltetes Musikfest fungierte. Zudem erschien der Name des Sponsors auf den in den Unternehmensfarben gestalteten Eintrittskarten, Plakaten, Aufklebern usw. (vgl. Hermanns/Drees 1989, S. 159).

6.1.1.2. Presenting

Eine Variante des Titel-Sponsorings bietet der Auftritt als Presenter einer Musikveranstaltung, wodurch die Präsenz eines Sponsors als alleinstehend, sofern weitere Co-Sponsoren ein Ereignis fördern, als dominant hervorgehoben wird. Gegenüber dem Titel-Sponsoring findet diese Sponsoringform in der Praxis wesentlich häufiger Anwendung. Als Beispiel für das Presenting einer Musikveranstaltung ist das mehrmalige Engagement von Reynolds Tobacco/Camel Collection bei dem alljährlich auf dem Nürburgring an zwei Tagen stattfindenden Musikfestival "Rock am Ring" zu nennen. Der Slogan "Camel Collection präsentiert Rock am Ring" schmückte Veranstaltungsplakate, Eintrittskarten und anderes. Zudem wurden riesige Banner mit dem Camel Logo über der Bühne angebracht, die auch während einer Fernsehübertragung vom Festival zur Geltung kamen (vgl. Püttmann 1989a, S. 223).

6.1.1.3. Co-Sponsoring

Co-Sponsoring ist durch das Auftreten mehrerer Unternehmen als Sponsoren im Rahmen einer Musikveranstaltung gekennzeichnet. Besitzt eine Veranstaltung einen Hauptsponsor, der als Titelsponsor oder Presenter seine Dominanz zum Ausdruck bringt, hat sich das Ausmaß der Aktivitäten und die kommunikative Präsenz weiterer Sponsoren an der gewünschten Vorherrschaft des Hauptsponsors auszurichten. Co-Sponsoren erhalten im Vergleich zum Hauptsponsor für ein wesentlich geringeres finanzielles Engagement reduziertere Gegenleistungen.

Um sich dennoch im Rahmen einer Veranstaltung werbewirksam präsentieren zu können, sollte eine sinnvolle Abstimmung und Aufteilung möglicher Gegenleistungen auf die einzelnen Co-Sponsoren gewährleistet sein. Generell müssen sich die Sponsoren untereinander verstehen. Dies bedingt vor allem seitens der Veranstalter einen Wettbewerber-Ausschluß in bezug auf die Zusammensetzung der Sponsoren (vgl. Loock 1991, S. 178 f.). So ist es für eine Brauerei als Sponsor eines Jazz-Festivals nicht von Interesse, wenn während einer Veranstaltung eine weitere Brauerei ihre Produkte ausschenkt. Üblicherweise werden daher vom Veranstalter Produktkategorien vorgegeben, die den einzelnen Sponsoren "Exklusiv-Rechte" zubilligen und konkurrierende Unternehmen als weitere Sponsoren ausschließen.

Der finanzielle Aufwand eines Engagements als Co-Sponsor ist gegenüber der Förderung als Hauptsponsor geringer. Dieser Aspekt interessiert vor allem in Rezessionszeiten, in denen viele Unternehmen ihre Sponsoring-Etats reduzieren. Bei der Kooperation mit weiteren Unternehmen ist vorzugsweise darauf zu achten, daß den Partnern in etwa die gleichen oder sich positiv ergänzenden Imagedimensionen zukommen. Der werbliche Nutzen nimmt allerdings um so mehr ab, je mehr Unternehmen bei einer Musikveranstaltung als Sponsoren auftreten.

Zudem können viele Sponsoren im Rahmen einer Veranstaltung "zu unterschiedlichen Images, zu Profilierungs-Problemen und zu gravierenden Identifkations-Mängeln führen" (Wirz 1988, S. 391). Im Hinblick auf das zu erwartende Medieninteresse wird ein Co-Sponsor selten damit rechnen können, daß sein Logo bei Fernsehübertragungen prägnant präsentiert bzw. sein Name bei Berichterstattungen in Zeitungen oder Zeitschriften erwähnt wird.

Eine Variante des Co-Sponsorings stellt die Übernahme eines Patronats für eine Einzelveranstaltung im Rahmen eines (mehrtägigen) Festivals dar. Auf diese Weise erhält ein Sponsor für eine Aufführung bzw. ein Konzert den Status eines Presenters. Bei größeren Kultur- bzw. Musikfestivals treten Künstler bzw. Musiker häufig parallel auf verschiedenen Aktionsbühnen auf, die an unterschiedlichen Standorten plaziert sind. Hier können Co-Sponsoren auf einer der Bühnen als Presenter fungieren, was dem jeweiligen Sponsorship einen exklusiveren Charakter verleiht.

6.1.1.4. Prädikat-Sponsoring

Musikbezogene Organisationen, Institutionen oder Veranstalter können bestimmte Attribute an Sponsoren vergeben, die ein Unternehmen bzw. eine Marke als "offizieller Sponsor" oder "offizieller Förderer" ausweisen. Diese Prädikate können innerhalb der klassischen Unternehmenskommunikation werblich genutzt werden (vgl. Bruhn 1991, S. 40 ff.). Beispielsweise durften fördernde Unternehmen der dritten Münchener Biennale 1992, dem internationalen Festival für neues Musiktheater, die Bezeichnung "offizieller Sponsor der Münchener Biennale" zur Unterstützung ihrer Unternehmenskommunikation einsetzen. Neben solchen allgemeingültig formulierten Prädikaten können exakt auf den jeweiligen Sponsor definierte Attribute vergeben werden, die bestimmte Leistungen eines Sponsors im Umfeld einer Veranstaltung herausstellen. Als Prädikate sind unter anderem denkbar:

- Offizieller Ausstatter,
- Offizieller Getränkeservice, -lieferant,
- Official Cater (Verpflegungsservice),
- Official Carrier (Fahr- oder Flugdienst),
- Official Festival Hotel,
- Offizielles Festival Kaufhaus.

Unternehmen nutzen diese Art von Prädikaten bisher vornehmlich im direkten Umfeld einer gesponserten Veranstaltung und weniger im Sinne von Nutzungsverträgen unter Vergabe von Produkt- oder Promotionlizenzen. Dies gilt zumindest in bezug auf Musiksponsoring. Die Nutzung von Prädikaten in diesem Sinne ist bislang vor allem im Sport zu beobachten (vgl. Bruhn 1991, S. 93). Zur kommunikativen Dokumentation eines Musiksponsorships dürfte sich die Verwendung von Prädikaten am ehesten im regionalen Umfeld einer Musikveranstaltung anbieten, da der Bekanntheitsgrad eines Event in den meisten Fällen in seiner unmittelbaren Umgebung am größten ist.

6.1.2. Ausrichtung eigener Veranstaltungen

Eine Alternative zum Einkaufen für hohe Geldsummen in eine Veranstaltung bietet die Initiierung und Ausrichtung eigener Musikveranstaltungen. Ein Sponsor löst sich infolgedessen von dem Abhängigkeitsverhältnis zum jeweiligen Organisator, das beim Sponsoring einer Einzelveranstaltung besteht, wobei eine Kooperation mit professionellen Veranstaltern nicht ausgeschlossen ist (vgl. Hermanns/ Püttmann 1989b, S. 265, Püttmann 1989a, S. 226).

Große Unternehmen verfügen vielfach über eigene Abteilungen, die im Rahmen komplexer Kulturprogramme Musikveranstaltungen organisieren. Häufig geschieht dies in Zusammenarbeit mit den jeweiligen Kulturämtern oder in Kooperation mit Rundfunkanstalten. Ein Beispiel hierfür sind die von der Audi AG in Zusammenarbeit mit dem Bayerischen Rundfunk organisierten "Sommerkonzerte zwischen Donau und Altmühl" (siehe Kapitel 10.3.2.2.). Ein umfassendes Kulturprogramm erstellt alljährlich die Kulturabteilung der Bayer AG in Leverkusen. Die Bayer AG organisiert musikalische Veranstaltungen wie Kammer-, Chor- und Orchesterkonzerte, Musiktheateraufführungen sowie Jazzabende, bei denen nicht selten international renommierte Künstler zu Gast sind. Für zahlreiche Konzerte und Aufführungen stehen der Bayer AG die Konzert- und Schauspielstätten "Erholungshaus" und "Forum" zur Verfügung. Drei weitere Beispiele eigeninitiierter Musikveranstaltungen seien genannt:

- Hotel Bayerischer Hof, München: Jazzkonzerte im hauseigenen Night Club.

- Kaufhaus Beck (Beck Forum), München: Jazz im Beck.

- Kawai Europa GmbH, Krefeld: Kawai-Konzerte (Schwerpunkt Klavier) im Saal des Kawai Europa Centers.

Neben den bereits erwähnten kommunikativen Maßnahmen im Rahmen von Musikveranstaltungen (siehe Kapitel 6.1.) erscheint es bei eigeninitiiertem Sponsoring am ehesten denkbar, zur Unterstützung der Corporate bzw. Brand Identity das gesamte Veranstaltungsumfeld in den entsprechenden Unternehmens- bzw. Markenfarben zu gestalten.

Eine Entscheidung für die Ausrichtung eigener Musikveranstaltungen sollte nicht davon abhängig sein, ob ein Unternehmen selber über entsprechende Konzert-Räumlichkeiten verfügt. Beispielhaft soll in diesem Zusammenhang auf das langjährige Engagement der WTB-Gruppe, WTB Westdeutsche Kreditbank GmbH mit Hauptsitz in Köln, hingewiesen werden. Alljährlich organisiert die WTB-Gruppe ein Konzert mit einem Nachwuchskünstler aus dem Bereich der klassischen Musik. Den Künstlern wird jeweils die Gelegenheit gegeben, eine eigens für das Unternehmen produzierte CD im Rahmen einer Veranstaltung vorzustellen. Das Konzert wird jeweils in einer Stadt mit WTB-Niederlassung veranstaltet, die dann auch offiziell gastgebend ist. Geladen werden neben WTB-Kunden grundsätzlich Honoratioren der jeweiligen Stadt und Experten der Musikbranche sowie die Regional- und Fachpresse (Jendrollik 1992).

6.1.3. Tourneen-Sponsoring

Die Tournee eines Solisten, einer Musikgruppe oder eines Ensembles besteht aus einer Vielzahl von Aufführungen bzw. Konzerten an verschiedenen Orten. Sie kann regionale, nationale oder internationale Ausmaße besitzen. Vor allem letzteres führt allgemein dazu, daß mehrere Veranstalter an der Koordination einer Tournee beteiligt sind - neben einem Tournee-Veranstalter und Promoter lokale Veranstalter, die für die Organisation am Aufführungsort verantwortlich sind. Tour-Sponsorships sind allgemein auf die Dauer einer Tournee begrenzt. Aufgrund des längeren Zeitraums, über die sich eine Tournee erstreckt, und der Präsenz eines Sponsors an verschiedenen Orten mit wechselndem Publikum läßt sich die kommunikative Wirkung und Reichweite im Vergleich zum Sponsoring einer Einzelveranstaltung erhöhen (vgl. Hermanns/Drees 1989, S. 160). Als Haupt- bzw. Exklusiv-Sponsor bietet sich die Herausstellung als Presenter einer Tournee an.

Das Tourneen-Sponsoring findet vor allem im Bereich der Pop- und Rockmusik seinen Einsatz, wo Musiker und Gruppen in zeitlichen Abständen, meist nach der Produktion und Veröffentlichung einer CD, auf Konzerttournee gehen. Folgende Beispiele seien genannt:

- BASF sponserte 1990 die "Scandalo-Tour" von Gianna Nannini.

- Coca-Cola sponserte 1993 die Europa-Tourneen von Bon Jovi, Prince & The New Power Generation, Scorpions (siehe Kapitel 10.3.3.1.).

- Grundig sponserte 1993 die "New World Tour" von Paul McCartney.

- Pepsi-Cola sponsert seit 1984 regelmäßig Tourneen international bekannter Interpreten verschiedener Genres der Pop- und Rockmusik, unter anderem Tourneen von Tina Turner, Lionel Richie, David Bowie, M.C. Hammer, Rod Stewart und Gloria Estefan. Als das bekannteste Sponsorship von Pepsi-Cola gilt die Präsentation der beiden Welttourneen von Michael Jackson, die "Bad-Tour" 1987/88 und die "Dangerous-World-Tour" 1992/93.

- Philips sponserte 1985 und 1992 die Tourneen der Rockgruppe Dire Straits.

- Swatch sponserte 1993 die Europa-Tournee von Jean Michel Jarre.

- TDK sponserte 1990 die "Urban-Jungle Europe-Tour" der Rolling Stones, 1994 die "Both Sides Tour' 94" von Phil Collins.

- Volkswagen sponserte 1992 die Europa-Tournee der Rockgruppe Genesis, 1994 die Tournee von Pink Floyd.

Als eine Variante des Presentings kann das Titel-Sponsoring von Tourneen gelten. Beispielhaft soll auf die "Mustang-Roadshow" hingewiesen werden, unter deren Titel der Jeans-Hersteller Mustang 1993 verschiedene Bands der Hardrock- und Heavy Metal-Szene sponserte. Unter anderem unterstützte Mustang die Gruppen Treat, Chromin Rose, Pink Cream 69 sowie die deutschen Hardrocker Axxis.

6.2. Sponsoring von Musikgruppen/Solisten

Unter dem Sponsoring von Musikgruppen/Solisten soll die Bindung an die/den Künstler über einen längeren Zeitraum verstanden werden, der über den Termin einer Einzelveranstaltung bzw. einer Tournee hinaus geht. Ein derartiges Sponsorship kann zusätzliche Förderungsmaßnahmen wie die Unterstützung von Musikproduktionen oder von Buch-Publikationen zur Porträtierung des Gesponserten einbinden. Darüber hinaus können Musikgruppen/Solisten bei Veranstaltungen des Sponsors auftreten, beispielsweise bei Firmenjubiläen, Betriebsfesten oder sonstigen PR-Veranstaltungen.

Nachfolgend sollen die Besonderheiten dieser Sponsoringform in bezug auf die untere und obere Leistungsklasse skizziert werden. Bei einem langfristigen Sponsorship mit einer Musikgruppe oder einem Künstler der Breitenebene besteht für den Gesponserten die Möglichkeit, mit Hilfe der zusätzlichen Unterstützung durch einen Sponsor, den Durchbruch zur Leistungs- oder sogar Spitzenebene zu schaffen. Für den Sponsor könnte dies einerseits den Vorteil erbringen, für relativ wenig Geld einen großen Nutzen "einzukaufen". Eine solche Sponsoring-Wegbeschreibung kann als "hohe Kunst" bezeichnet werden. Andererseits besteht die Gefahr, daß bei keiner oder lediglich einer geringen Leistungssteigerung des Gesponserten eine ungewünscht lange vertragliche Bindung besteht. Wird eine langfristige Partnerschaft mit sogenannten Top-Professionals angestrebt, um deren Erfolg und hohen Bekanntheitsgrad über einen längeren Zeitraum hinweg für kommunikative Maßnahmen zu nutzen, ist zu bedenken, daß bestimmte imageprägende Persönlichkeitsmerkmale im Zeitablauf wandelbar sind. Nicht nur der Erfolg bei einer Musikgruppe oder einem Künstler kann auf Dauer ausbleiben, sondern auch bestehende Sympathiewerte können sich verändern. Gesponserte können somit im Laufe eines längerfristigen Zeitraums von einem positiven zu einem negativen Imageträger werden.

Ein weitgehend konstantes Image kommt Akteuren der klassischen bzw. zeitgenössischen Musik, des Musiktheaters oder des Jazz zu. Neben Dirigenten oder Solisten zählen zu dieser Gruppe unter anderem auch Chöre, Ensembles, Jazz-Big-Bands und Orchester. Chöre haben in unserer Kulturlandschaft eine große Tradition und die Zahl gemischter Chöre steigt weiterhin an. Nach Worten von Peter Tonger, Vorsitzender des Fachausschusses für Chormusik, hat sich allerdings das Durchschnittsalter der Chormitglieder in den letzten Jahren, besonders bei Männerchören, immer mehr nach oben entwickelt. Die Folge ist, daß die Chöre immer kleiner werden und die Bereitschaft, Neues einzustudieren, geringer wird (vgl. o.V. 1993d, S. 207). Bei der Verteilung öffentlicher Mittel hat das Chorwesen häufig einen schweren Stand. Das Singen der Chormitglieder erfolgt weitgehend ehrenamtlich. Sponsoring wird in diesem breiten Sektor der Laienmusikkultur nur selten betrieben. Die Gegenleistung für betriebseigene Vereinschöre beschränkt sich vielfach auf das Bereitstellen von Kleidung in den Unternehmensfarben sowie auf das Stellen eines Busses zum Transfer zu auswärtigen Konzerten. Für das Chorwesen ist das Sponsern eines Chorleiters, der den Status eines freien Künstlers hat, oder von Solisten, die zusammen mit einem Chor bei einer Veranstaltung auftreten, die üblichere Unterstützungsform. Lediglich einige wenige Chöre mit professionellem Standard erhalten (bisher) Unterstützung in

Form von Sponsorengeldern. Eine langjährige Partnerschaft zwischen einem Chor und einem Unternehmen sei erwähnt: American Express sponsert seit 1988 den Cäcilien Chor Frankfurt, ältester Oratorien Chor Deutschlands, der 1993 sein 125jähriges Bestehen feierte. Susanne Wegerhoff, Vice President Public Affairs & Communications bei American Express International, umschreibt die finanzielle Unterstützung des Cäcilien Chors als ein lokales bzw. regionales Sponsoring, bei dem Karten an Mitglieder vergeben werden und der werbliche Auftritt sich auf die Präsenz in Programmheften und auf den jeweiligen Eintrittskarten beschränkt (Wegerhoff 1993).

Neben der Partnerschaft zu Chören oder Jazz-Big-Bands, deren Zahl in Deutschland beträchtlich ist, ist die Unterstützung von Orchestern denkbar. Zu unterscheiden ist insbesondere zwischen den Orchesterformen:

- Symphonieorchester (überwiegend von Musiktheatern und Rundfunkanstalten; stehen größtenteils in der Trägerschaft von Kommune oder Land),
- Kammerorchester (setzen sich überwiegend aus Musikern eines oder mehreren Symphonieorchestern und bzw. oder aus freiberuflichen Musikern zusammen; stehen zum Teil in kommunaler Trägerschaft).

Üblicherweise haben Sponsoring-Verträge mit Orchestern eine längerfristige Laufzeit von vier bis fünf Jahren. Die Deutsche Bank fungiert beispielsweise seit 1990 als Hauptsponsor des Berliner Philharmonischen Orchesters. Der Vertrag, auf eine Dauer von fünf Jahren begrenzt, wurde zwischen dem Land Berlin, vertreten durch das Berliner Philharmonische Orchester, einerseits und der Deutschen Bank andererseits geschlossen. Die Sponsorenschaft der Deutschen Bank bezieht sich schwerpunktmäßig auf die Förderung von Konzertreisen ins Ausland, teilweise für besonders aufwendige Projekte, die mit zum Teil erheblichen finanziellen Risiken behaftet sind und für die entweder keine öffentlichen Mittel vorhanden sind oder wo diese nicht ausreichen. Im Rahmen der vertraglichen Regelungen steht das Philharmonische Orchester der Deutschen Bank exklusiv für ein Konzert im Jahr zur Verfügung. Darüber hinaus erhält der Sponsor an den vorgegebenen Konzertorten ein bestimmtes Kontingent an Karten, die von den Niederlassungen, Töchtern und Repräsentanten der Deutschen Bank für Kundeneinladungen genutzt werden. An den jeweiligen Spielorten wird im Rahmen der sich bietenden Möglichkeiten auf die Hauptsponsorenschaft der Deutschen Bank hingewiesen (Lohse 1992, Nimke 1992).

Die Variante eines längerfristigen, zeitlich begrenzten Sponsorship stellt eine sowohl vom Sponsor als auch vom Gesponserten angestrebte dauerhafte Kooperation beider Partner dar. Um eine kontinuierliche Partnerschaft kommunikativ zum Ausdruck zu bringen, hat das noch junge Unternehmen Telekom mit der Umbenennung der Klassischen Philharmonie Bonn (in der Stadt Bonn ehemals mit dem Namen Chur Cölnisches Orchester auftretend) in "Klassische Philharmonie Telekom Bonn" eine Premiere in der Orchesterlandschaft der Bundesrepublik geschaffen. Mit dem Ziel, sowohl die nationalen als auch die internationalen Erfolge auszubauen, kommt das Orchester der Förderung von vielversprechenden Nachwuchsmusikern nach. Der Eingang des Sponsors in den Orchesternamen fand anfangs nicht überall Zustimmung. Inzwischen wird vor allem von den Konzertbesuchern das Sponsorship weitgehend akzeptiert (vgl. Gallist/ Hartwig 1994, S. 34). Denn durch die finanzielle Unterstützung der Telekom ist das unter der Leitung des international renommierten Dirigenten Heribert Beissel stehende Orchester in der Lage, Konzertreisen und Tourneen durchzuführen, für die die finanziellen Mittel ohne Sponsorengelder nicht ausreichen würden. Das Orchester präsentiert den Namen Telekom bei zahlreichen Auftritten in weiten Teilen Deutschlands bei Fernsehberichten über Konzerte und Konzertmitschnitten für Hörfunksendungen. Zahlreiche Telekom-Direktionen beziehen die Klassische Philharmonie Telekom Bonn durch Sonderkonzerte bei regionalen Engagements ein. Hinzu kommt die Herausgabe von CD-Produktionen in Form der Telekom-Edition, die mit der 1993 erschienenen CD "Wiener Klassik" bereits auf vier CDs erweitert wurde (Zuleger/Püpcke 1993).

6.3. Sponsoring von musikbezogenen Organisationen

Unter musikbezogenen Organisationen sollen Institutionen und Körperschaften verstanden werden, die mit finanzieller Unterstützung der öffentlichen Hand zum pulsierenden Musikleben in unserer Kulturlandschaft beitragen. Die Aufgabe öffentlicher Einrichtungen besteht Aufgabe nicht in erster Linie darin, mit dem Kulturangebot Gewinn zu erzielen, sondern die ganze Breite kultureller Schöpfungen darzustellen. Folgende musikbezogene Organisationen, an denen "öffentliches Musikleben" praktiziert wird, können für ein Sponsorship in Frage kommen:

- Musikschulen,
- Musikakademien (Musikhochschulen),
- Musikbibliotheken,
- Opern- oder Festspielhäuser,
- Philharmonien,
- Konzertsäle,
- Live-Clubs für Pop- und Rockmusik oder Jazz.

Diese musikbezogenen Organisationen leisten einen wesentlichen Beitrag zu einem lebendigen Kulturleben und tragen entscheidend zur kulturellen Aufwertung einer Stadt bzw. einer Region bei, womit auch die Standortfrage eines Unternehmens angesprochen ist. Im folgenden sollen Sponsoring-Möglichkeiten in bezug auf Musikschulen sowie Opernhäuser skizziert werden.

6.3.1. Sponsoring von Musikschulen

In Deutschland sind heute etwa 1.000 Musikschulen dem VdM, Verband deutscher Musikschulen, angeschlossen. Sie sind neben dem Musikunterricht an allgemeinbildenen Schulen für unser gegenwärtiges und zukünftiges Musikleben wesentliche Institutionen. An Musikschulen wird die Ausbildung und Förderung des musikalischen Nachwuchses betrieben. Durch den kontinuierlichen Ausbau der Musikschulen hat sich die Musikausübung in Deutschland in den vergangenen Jahrzehnten vervielfacht. Heute sind zahlreiche Musikschulen von Kultur-Etatkürzungen der öffentlichen Hand betroffen. Die Folgen sind Gebührenerhöhungen, Anhebung der Instrumentenmieten und Reduzierung der Unterrichtsstunden. In Diskussionen um mögliche Teilprivatisierung oder gar völlige Privatisierung von Musikschulen (bei etwa zwei Drittel der Musikschulen obliegt den Kommunen die Trägerschaft) sprechen Experten potentiellen privaten Investoren die notwendigen Kompetenzen ab und verweisen darauf, daß diese die Verantwortung nicht absehen können. Einhelliger Tenor: Eine Kommerzialisierung bedeutet das Sterben der Musikschule. Eine Organisation, beispielsweise als Verein mit privaten Trägern, würde die Unsicherheit in Reihen der Musikpädagogen erheblich erhöhen, worunter nicht zuletzt auch die Qualität der musikalischen Ausbildung leiden würde. Ungeachtet solcher Bedenken erhalten zahlreiche Musikschulen zusätzliche Gelder mittels Sponsorings. Unternehmen fördern den musikalischen Nachwuchs und tragen zum Zustandekommen von Projekten bei, wofür gewährte öffentliche Mittel nicht ausreichen. Im allgemeinen bringt ein derartiges Sponsorship kommunikativ vor allem auf regionaler Ebene Nutzen, das heißt im Umfeld der jeweiligen Musikschulen sowie bei einzelnen von ihr ausgerichteten Veranstaltungen. Insbesondere Banken und Sparkassen zeigen sich bei der Unterstützung von Musikschulen kooperativ. Beispielhaft soll hier das Sponsorship zwischen der Volksbank AG Essen und der Folkwang Musikschule in Essen erwähnt werden. Durch die monetäre Unterstützung der Volksbank ist die Schule in der Lage, unter anderem eine Musiktheaterproduktion, die Erstellung einer CD und ein großes Chor- und Orchesterkonzert zu finanzieren. Des weiteren leistet die Volksbank Essen bei der Öffentlichkeitsarbeit für die Folkwang Musikschule Schützenhilfe (vgl. o.V. 1992b).

6.3.2. Sponsoring von Opernhäusern

In der europäischen Musikkultur sind Opernhäuser eine historisch gewachsene Institution. Treffsicher charakterisiert 'Der Spiegel' das Wesen der Oper mit den Worten: "Oper - das ist mit 60.000 Partituren in 400 Jahren der skurilste, faszinierenste, lächerlichste und teuerste Bastard der schönen Künste, ... im halbseidenen Gewusel der Kulturszene ist die Oper dennoch die Königin der Nacht - umbuhlt und hofiert wie sonst nichts" (o.V. 1993e, S. 240). Im internationalen Vergleich genießt Deutschlands Musiktheater mit seinen 90 Bühnen einen hohen Stellenwert. Beim Publikum werden Klassiker wie Mozarts Zauberflöte gegenüber zeitgenössischen Werken eindeutig bevorzugt. Daß die Oper populär ist, zeigen die Zuschauerzahlen der Spielzeit 1990/91. Über acht Millionen Zuschauer besuchten bei Eintrittspreisen von bis zu 300 DM die Opernhäuser. Das ist eine Platzausnutzung von 95 % (vgl. o.V. 1993f, S. 80). Unter der schlechten Finanzsituation der Länder und Kommunen leiden die auf Subventionen angewiesenen Häuser alle. Dabei ist die 100 Millionen DM Schallgrenze der Opernhaus-Etats in München oder Hamburg längst überschritten. Ohne den Staat in schwierigen Zeiten aus seiner Pflicht zu entlassen, sieht nicht zuletzt August Everding, Generalintendant der Bayerischen Staatstheater, Sponsorengelder als nützliches Zubrot zur Finanzierung aufwendiger Projekte (vgl. Everding 1993, S. 76).

Was hat ein potentieller Sponsor zu beachten? An einem Opernhaus treten die unterschiedlichsten Künstler auf. Unter Umständen lassen sich die Besetzungen im Laufe einer Spielzeit je nach Inszenierung zwischen Künstlern von Weltruf und solchen klassifizieren, die gerade lokale Bekanntheit besitzen. Beim Sponsoring von Opernhäusern ist der kulturelle Rang und somit die lokale, regionale, nationale oder internationale Ausstrahlung eines Opernhauses zu beurteilen. Dies interessiert sowohl in bezug auf den Bekanntheitsgrad einer Institution und der zu erwartenden künstlerischen Qualität geplanter Inszenierungen, als auch im Hinblick auf die Reichweite eines Sponsorship. Eine Sponsor-Partnerschaft mit einem bedeutenden Opernhaus wird eher in der überregionalen Presse Erwähnung finden als ein Sponsorship mit einem weniger renommierten Musiktheater. Zudem sind dort Fernseh- und Hörfunkübertragungen wahrscheinlicher.

Die Philips GmbH Deutschland sponserte von 1985 bis 1990 gezielt 19 Opern- und Musical-Inszenierungen der laufenden Spielzeit an verschiedenen Opernhäusern. Mehr als 560 Aufführungen wurden von rund 800.000 Zuschauern besucht. Als Gegenleistung der Opernhäuser erschien der Firmenname Philips auf den Veranstaltungsplakaten, im Jahresprogramm des jeweiligen Opernhauses sowie auf den aktuellen Besetzungszetteln. Eine Werbeanzeige erschien in den Programmheften zu den einzelnen Operninszenierungen. Darüber hinaus war Philips sowohl an der Öffentlichkeitsarbeit zur jeweiligen Oper beteiligt als auch teilnehmender Partner bei Pressekonferenzen, die anläßlich einer Neuinszenierung stattfanden. Neben dem Vorrecht auf ein gewisses Kartenkontingent, das vornehmlich Kunden zur Verfügung gestellt wurde, erhielt Philips die Gelegenheit, bei Premierenfeiern mit Gästen teilzunehmen, bei denen auch die Künstler anwesend waren. Die Gegenleistungen wurden Philips für die gesamte Zeit gewährt, in der die Inszenierungen unverändert im Programm blieben. Das konnten im Idealfall sechs, acht oder zehn Jahre sein. Da im Vorfeld einer Operninszenierung nicht gesichert war, ob die jeweilige Aufführung einen glänzenden Erfolg mit sich ziehen würde, umschrieb Philips sein Engagement jeweils mit folgendem Anzeigentext: "Es gibt keinen Ersatz für die Intensität des unmittelbaren Opern-Erlebnisses. Deshalb liegt uns viel daran, den kulturellen Rang der Oper zu erhalten und Inszenierungen wie die des heutigen Abends zu fördern" (vgl. Lambeck 1989, S. 207 ff.).

6.4. Sponsoring von Musikwettbewerben

Zur Förderung einer größeren Zahl von Nachwuchskünstlern oder professionellen Musikern bietet sich das Sponsern eines Musikwettbewerbs an. Es gibt die unterschiedlichsten Wettbewerbe, die von verschiedenen Organisationen durchgeführt werden. Die Liste der Initiatoren reicht vom Deutschen Musikrat, über den Deutschen Sängerbund bis hin zu den öffentlich-rechtlichen Fernsehanstalten, wobei die Bandbreite quer durch alle Musikrichtungen geht. Der jährlich stattfindende Bundesjugendwettbewerb "Jugend musiziert", der vom Deutschen Musikrat in Zusammenarbeit mit vielen lokalen Musikinstitutionen durchgeführt wird, gilt allgemein als einer der wichtigsten Musikwettbewerbe im Bereich der Jugendförderung. Ein jahrelanger Sponsor dieses Wettbewerbs ist die Deutsche Lufthansa. Die Fluggesellschaft "stellt seit den Anfängen dieses Wettbewerbs als Sonderpreise Flugscheine für die Preisträger zur Verfügung, damit diese zu Musikcamps im Ausland und Förderprogrammen im In- und Ausland reisen können" (Beckmann 1989, S. 163). Der 30. Bundeswettbewerb "Jugend musiziert" 1993 wurde mit öffentlichen Mitteln (Städte, Länder und Bund) und privaten Zuschüssen sowie Sponsorengeldern finanziert. Zu den Sponsoren zählten neben der Deutschen Lufthansa auch Sparkassen, Telekom, Postdienst und Deutsche Bundesbahn. Zudem lud Hapag Lloyd durch die Düsseldorfer Konzertdirektion IDT einige Preisträger zu einer 32tägigen musikalischen Südseereise auf das MS Europa ein (vgl. o.V. 1993g, S. 23).

Im Vorfeld einer Wettbewerbsausschreibung sind konkurrierende Wettbewerbe und deren Bedeutung für eine bestimmte Musikrichtung, Leistungsklasse sowie für ein Einzugsgebiet (lokal, regional, national oder international) zu berücksichtigen. Je nach Einzugsgebiet variiert das zu erwartende Leistungsniveau. Initiiert ein Unternehmen einen eigenen Musikwettbewerb, so kann die Ausschreibung generell noch nicht als Sponsoring bezeichnet werden. Ein Sponsor hat vielmehr im Vorfeld der Ausschreibung neben der Gegenleistung, die er von Künstlern erwartet, seine Leistung klar zu definieren. Die Musiker gehen bei einer Teilnahme infolgedessen ein Vertragsverhältnis mit dem Veranstalter (Sponsor) ein. Als Leistung können Preise für Gewinner ausgeschrieben werden, die den Fördergedanken dokumentieren:

- Geldpreise,
- Sachpreise (zum Beispiel Instrumente),
- Finanzierung und Ermöglichung einer Musikproduktion,
- Organisation eines Konzertauftritts,
- Reise zu Musikfesten im In- und/oder Ausland etc.

Selbstinitiierte Wettbewerbe sind zeitaufwendig und mitarbeiterintensiv. Sowohl mit der umfangreichen organisatorischen Planung als auch mit der Durchführung eines Wettbewerbs und der Analyse der Leistung teilnehmender Künstler sind qualifizierte interne und/oder externe Mitarbeiter zu beauftragen. Flankierend zum Wettbewerb sind Teilnahmebedingungen zu kronkretisieren und Broschüren oder Zeitungen als wettbewerbsbegleitende Informationsmedien einzusetzen. Zur Steigerung der Teilnahmebereitschaft von Künstlern und des Bekanntheitsgrades eines Wettbewerbs sind kommunikativ weitere Maßnahmen einzusetzen (vgl. Kapitel 6.1.).

Aus unternehmerischer Sicht ist das Sponsern eines existierenden oder eines von einer musiknahen Organisation neu initiierten Musikwettbewerbs die einfachste Lösung. Ein Sponsorship kann nach adäquaten, vertraglich abzustimmenden Rahmenbedingungen zwischen Sponsor und Organisator ähnlich gestaltet und kommunikativ genutzt werden, wie bei der Ausschreibung eines Wettbewerbs durch den Sponsor, wobei der Organisator die Planung und Durchführung des Wettbewerbs übernimmt. Als Beispiele für Sponsorships von Musikwettbewerben seien erwähnt:

- Förderpreis Jugend Kulturell; gesponsert von der Vereins- und Westbank AG.
- Musik Kreativ; gesponsert von Vereinte Versicherungen (siehe Kapitel 10.2.3.).

- Internationaler Robert Schumann Wettbewerb für Klavier und Gesang; 1993 gesonsert von Audi (siehe Kapitel 10.3.2.), ISIC-Pharma, Sparkasse Zwickau.

- John Lennon Förderpreis - Talent Award; gesponsert von Itzehoer Versicherung.

- Rock de Cologne; von der Stadtsparkasse Köln initiierter Wettbewerb für Kölner Amateur-Rock-Gruppen (siehe Kapitel 10.3.1.).

- 1822 Rock Festival Frankfurt; gesponsert von der Sparkasse Frankfurt.

- Rockzug; unter anderem von der Karlsberg Brauerei gesponserter Wettbewerb für Gruppen der Rockmusik in den Städten Luxemburg, Metz, Saarbrücken und Trier.

- VARTA-Musikpreis; von Varta gesponserter national ausgeschriebener Wettbewerb.

- Yamaha Music Quest; von Yamaha gesponserter Song- und Homerecording-Wettbewerb.

6.5. Sponsoring von Musikproduktionen

Eine weitere Form des Musiksponsorings stellt die Förderung von Musikproduktionen dar. Ein derartiges Engagement kann sich sowohl auf die Produktion von CDs, MCs, LPs, als auch von Musikvideos beziehen (vgl. Püttmann 1989a, S. 227). Hinzu kommen Produktionen auf neuen Tonträgern wie Digital Compact Cassetten (DCCs) oder Mini Discs (MDs).

Einige Großprojekte wie Operngesamtaufnahmen sind für Tonträgerproduzenten häufig nicht ohne eine Kooperation mit einer Rundfunkanstalt oder anderen Unternehmen wirtschaftlich zu vertreten, da die Produktionskosten enorm hoch sind, selbst wenn es sich um ein Standardrepertoire handelt. Vor diesem Hintergrund fand auch die Tonträgerfirma EMI Classics in London für eine aufwendige Opernproduktion mit der Mailänder Scala Sponsoren, die als Gegenleistung eine Sonderauflage der CD-Produktion erhielten, deren Cover in Absprache mit den Sponsor-Partnern individuell abgestimmt wurde. Die Sonderauflage wurde Kunden unter anderem als Weihnachtsgeschenk offeriert (Schmitz 1992). Diese Art Kundenpräsent war auch ein Anlaß für das bereits angesprochene Engagement der WTB-Gruppe (siehe Kapitel 6.1.2.). Die WTB-Gruppe sponsert seit 1980 jährlich die Produktion einer CD bzw. anfangs einer Schallplatte mit jungen Talenten aus dem Bereich der klassischen Musik. Die Empfänger der CD bzw. Schallplatte, die in einer Auflage von 5.000 Stück produziert wurden, setzte die WTB-Gruppe ausschließlich als Kundenpräsente ein. Den geförderten Künstlern stellte sie generell frei, eine neutrale Version zum minimalen Selbstkostenpreis mitpressen zu lassen, die dann bei entsprechenden Anlässen von ihnen vertrieben werden konnte (Jendrollik 1992).

Bisher findet das Sponsoring von Musikproduktionen vor allem bei Projekten klassischer oder zeitgenössischer Musik seinen Einsatz, wenn es auch in Deutschland, im Gegensatz zu Frankreich und England, bis jetzt noch von relativ wenigen Unternehmen betrieben wird. Im Bereich der Pop- und Rockmusik beschränken sich Förderungen weitgehend auf Produktionen von Compilations mit Musik von Amateur-Bands einer Stadt oder einer Region. Sponsoren tragen hier gewöhnlich dazu bei, die CD-Verkaufspreise gering zu halten.

Ein maßgeblicher Erfolgsfaktor für die Wirkung einer Werbebotschaft ist heute die richtige Musikwahl. Immer häufiger stürmen Werbesongs die Hitparaden. Die Tonträgerindustrie hat sich auf diese Entwicklung mit innovativen Musikmarketing-Konzepten eingestellt. Kooperative Musik-Compilations, entstanden nach Absprache zwischen Tonträgerfirmen und Unternehmen, erlangen beeindruckende Verkaufsergebnisse. Zu nennen seien hier beispielsweise die "501-Hits" von Levi's und Eastwest/Wea Division Warner Special Marketing oder das "Rendezvous der Sinne" von Nestlé und Sony Music. Die ausschließliche Nutzung von Musikproduktionen für Promotion-Aktivitäten und/oder in Werbespots zur auditiven Unterstützung der Produktwerbung ist allerdings kein Sponsoring. Wie sich Musik und Marke derart kommunikativ verknüpfen lassen, zeigt beispielhaft die Sound of Fashion-Kampagne von C&A Young Collections, die der Musiklandschaft mit ihrer Kino- und Fernsehwerbung durchaus Impulse gegeben hat. So wurde der den C&A-Werbefilm "Daydream" unterstützende Song "Dream a little dream of me" von The Mamas & The Papas zum Verkaufsschlager. Die Radiostationen entdeckten den Titel ebenfalls wieder neu. Ähnliche Popularität erfuhr der Oldie "Far, far away" von Slade, der den C&A-Werbespot "Don Quixote" untermalte. Der erfolgreiche Einsatz von Musik in der Werbung - ein Werbeschlager wird zum Alltagsschlager, ein Nobody wird zum Star - kann durchaus ein Sponsoring-Engagement initiieren. Als Maßnahme bietet sich an, mit dem/den Interpreten eine Tournee zu veranstalten bzw. diese zu sponsern. Daß diese sehr erfolgreich sein können, zeigte die Werbepartnerschaft zwischen Tchibo und Harry Belafonte (vgl. Bürger 1986, S. 56).

Das Sponsoring von Videoproduktionen ist in der Praxis bisher eher die Ausnahme. Als Beispiel sei hier ein Engagement von IBM genannt, die "eine Video-Dokumentation der von Götz Friedrich in Berlin inszenierten Aufführung des Ring der Nibelungen" sponserten (Püttmann 1989a, S. 228). Im Bereich der Pop- und Rockmusik werden Video-Clips von den Tonträgerfirmen zur Promotion aktueller Hits produziert. Hier bietet sich eventuell der Einsatz des Product Placement an (siehe Kapitel 5.4.2.2.).

6.6. Sponsoring von Sendungen im Fernsehen und Hörfunk

Als Werbesonderform dient das Sponsoring von Sendungen im Fernsehen und Hörfunk der Finanzierung sowie Steigerung der wirtschaftlichen Existenz von Rundfunkanstalten und trägt zur Erhöhung der Programmqualität sowie der Programmvielfalt bei. Es zeichnet sich durch die schlichte Nennung eines Sponsors in einem zeitlich begrenzten Vor- und Abspann einer ausgestrahlten Sendung aus. Seit dem 1. Januar 1992 ist gemäß dem "Staatsvertrag über den Rundfunk im vereinten Deutschland" nach § 7 diese Sponsoringform sowohl bei öffentlich-rechtlichen als auch bei privaten Fernseh- und Hörfunkanstalten möglich. Eine novellierte Fassung gilt seit August 1994. Die neuen Richtlinien erlauben Unternehmen, die eine Sendung sponsern, innerhalb dieses Programms einen Werbespot zu schalten. Ein durch einen Werbespot unterstrichener Wiedererkennungseffekt war zuvor ausgeschlossen und wird nun zugelassen.

Im Vergleich zum europäischen Ausland ist die Möglichkeit des Sponsorings im Fernsehen und Hörfunk in Deutschland noch relativ neu und wenig entwickelt. Eine im Auftrag des internationalen Sportrechtevermarkters ISPR durchgeführte Studie ergab, daß in Deutschland die Mehrzahl der Bevölkerung Programm-Sponsoring der klassischen Variante, Schaltung von Werbespots, vorzieht (vgl. Pulch 1993, S. 34). Trotzdem besteht in weiten Teilen der Bevölkerung hinsichtlich dieser Sponsoringform (noch) eine eher reservierte Haltung, wie das Sample Institut ermittelte. In bezug auf Fernsehsponsoring befürchten immerhin 42 %, daß Sponsoren Einfluß auf Art und Inhalt der Sendungen nehmen. Hier gilt es, der Öffentlichkeit deutlich zu machen, daß Sponsoren nicht beeinflussend auf den Inhalt von Programmen wirken (vgl. Angenendt 1993, S. 8 f.).

Vom "reinen" Programm-Sponsoring sind die Begriffe Bartering und Syndication abzugrenzen. Unter Bartering wird der Tausch eines von einem Unternehmen vorproduzierten Sendeprogramms gegen Werbezeiten verstanden. Diese Form eines Engagements enthält gewöhnlich inhaltliche Vorgaben eines Unternehmens. Beim Syndication vertreibt ein Dritter (Syndicator) fertig produzierte Programme an Rundfunkanstalten. Die Honorierung kann im Bartering erfolgen, das heißt im Austausch gegen Werbezeiten, die zumeist in die Syndication-Programme integriert sind und von Unternehmen beim Syndicator eingekauft werden. Die Werbespots können eine Herausstellung als Sponsor einbinden.

6.6.1. Sponsoring von Musiksendungen im Fernsehen

Die Bedeutung der Musik für das Fernsehen ist nicht konkordant mit der Bedeutung des Fernsehens für die Musik. Während sogenannte Minderheitenangebote für spezielle Zielgruppen (beispielsweise Jazz, Oper, Konzert- und Festspielprogramme klassischer oder zeitgenössischer Musik) traditionell als zuschauerfeindlich gelten und aufgrund ihrer geringen Resonanz vorzugsweise erst zu nachtschlafender Zeit ausgestrahlt werden, wurden Sendungen der Pop- und Rockmusik, die in den achtziger Jahren bei den öffentlich-rechtlichen Fernsehanstalten zur Prime Time gesendet wurden, systematisch aus den Programmen gestrichen oder ins Nachtprogramm nach 23 Uhr versetzt. Verändertes Fernsehverhalten und die entfachte Einschaltquoten-Hysterie sorgten dafür, daß Sendungen mit Schlagern und vor allem mit Volksmusik zu attraktiven Sendezeiten plaziert wurden. Garanten für hohe Einschaltquoten sind beispielsweise die Lustigen Musikanten im ZDF, die Heimatmelodien bei RTL und die Goldene Hitparade der Volksmusik bei SAT.1. Das durchschnittliche Alter des überwiegenden Zuschaueranteils derartiger Sendungen liegt bei über 50 Jahren. Für viele Werbetreibende eine unattraktive, weil zu alte Zielgruppe. Die Folge: Zu wenige Werbespot-Buchungen bedrohen die letzte "Musikbastion" im Fernsehen! SAT.1 plante 1994 seine Quotenschlager die "Goldene Hitparade der Volksmusik" und die "Goldene Hitparade" aus dem Programm zu streichen. Obwohl das Fernsehen für alle musikalischen Genres ein bedeutsames Medium ist, sei es als Subventionshilfe oder zur Unterstützung der Distribution, variiert der programmstrukturelle Anteil an eigenständigen Musikangeboten bei ARD, ZDF, SAT.1 und RTL gerade einmal zwischen 0,7 % und 2,5 % (vgl. Krüger/Zapf-Schramm 1994, S. 117 f.). Inzwischen hat sich Musik im Fernsehen als ein Genre für Spartenprogramme erwiesen (MTV, Viva, 3 sat, arte, Dritte Programme der ARD), wobei nicht vergessen werden sollte, daß selbst vergleichsweise geringe Einschaltquoten von Minderheiten-Sendungen immer noch Zuschauerzahlen realisieren, die ein konzertierender Künstler kaum auf anderem Wege erreichen würde. Da die Übertragung musikalischer Aufführungen im Fernsehen für viele Menschen die einzige Möglichkeit darstellt, derartige Ereignisse zu erleben, kommt der Musik im Fernsehen zudem eine soziale Funktion zu. Hier sind insbesondere die öffentlich-rechtlichen Fernsehanstalten gefordert, ihrem Kulturauftrag gegenüber allen Musikrichtungen gerecht zu werden. Besonders kostenintensive Produktionen werden nur selten in die Programme aufgenommen. Den Vorstellungen der Fernsehanstalten entsprechend, sollen hierfür Sponsoren zusätzliche Gelder erbringen. Beispielsweise erklärte Dieter Stolte, Intendant des ZDF, gegenüber dem 'Frankfurter Allgemeine Magazin', daß das ZDF den "Ring der Nibelungen" im Rahmen der Bayreuther Festspiele nur unter der Voraussetzung in das Programm aufnehmen würde, wenn sich ein geeigneter Sponsor findet (vgl. Schmidt 1992, S. 95).

TV-Programm-Sponsoring von Musiksendungen bietet die exklusive Möglichkeit, selektiv bestimmte Zielgruppen anzusprechen. Es dient der Markenaktualisierung und zielt auf die von der gesponserten Sendung ausgehenden Transeffekte ab. Erhalten Musiksendungen Seriencharakter, kann als Zielkomponente zudem die Erhöhung des Bekanntheitsgrades genannt werden. Allerdings ist der Wirkungsgrad des TV-Programm-Sponsorings (noch) nicht verbindlich meßbar. Einer Studie des Sample Instituts zufolge (vgl. Angenendt 1993, S. 9) beurteilen bisher Jugendliche und junge Erwachsene, bei denen Videoclips mit Pop- und Rockmusik zu den beliebtesten Sendungstypen im Fernsehen gehören (Hauptsender: MTV), TV-Sponsorships besser als ältere Menschen. Des weiteren ergab die Analyse, daß Frauen Programm-Sponsoring kritischer gegenüber stehen als Männer. Ein Blick auf die Seher-Struktur von konzertanten Klassiksendungen zeigt einen deutlich höheren Anteil an interessierten Frauen bei diesen Programmtypen.

Die Attraktivität des Sponsorings von Musiksendungen im Fernsehen ergibt sich letztlich aus dem Preis-Leistungs-Verhältnis. Da die meisten Sender keine transparente Preisstruktur für Programm-Sponsoring bieten, ist diese Kommunikationsform zur Zeit noch schlecht plan- und berechenbar. In den meisten Fällen (Ausnahme: RTL) existieren lediglich grob umschriebene Anhaltspunkte zur Berechnung der jeweiligen Tarife (1992/93). Hierfür zwei Beispiele: Das ZDF läßt die GfK-Zuschauer-Ratings vergangener Sendungen, Prognosen der zu erwartenden Zuschauer und ihrer (Alters-)Struktur sowie die Anzahl der Nachfrager, die sich als Sponsoren einer Sendung bewerben, als Anhaltspunkte bzw. Einflußgrößen für seine Sponsoring-Tarife gelten. Die Preisstellung bei RTL, für Kunden nachvollziehbar, basiert auf dem 10-Sekunden-Preis plus Zuschlag von 20 % für die Exklusivstellung des Sponsors außerhalb einer Werbeinsel.

Sponsoring von Musiksendungen ist nur sinnvoll, wenn damit ein umfangreiches Musik-Engagement als Begleitmaßnahme unterstützt wird. Im Vergleich zur Schaltung von Werbespots ist das TV-Programm-Sponsoring teurer und ist daher vor allem für große, mindestens national operierende Unternehmen geeignet. Als Beispiele für TV-Sponsorships seien genannt:

- American Express sponserte die Übertragung eines Konzertes von Frank Sinatra in der ARD; zugleich war American Express Sponsor von Frank Sinatras einzigem Konzert im September 1991 in Deutschland.

- Coca-Cola sponsert den MTV Coca-Cola Report sowie 1993 Bravo-TV bei RTL 2; TV-Sponsoring ist integrativer Bestandteil des "Coca-Cola is the music" Programms (siehe Kapitel 10.3.3.2.).

- Volkswagen sponserte 1992 die Live-Übertragung des Konzertes der Rockgruppe Genesis aus Knebworth (Großbritannien) beim Pay-TV-Sender Premiere, der das Ereignis in Deutschland unverschlüsselt ausstrahlte; Volkswagen war gleichzeitig Presenter der Europa-Tournee von Genesis.

6.6.2. Sponsoring von Musiksendungen im Hörfunk

Analysen des BAT-Freizeit-Forschungsinstituts zufolge kann sich das Radio zu **dem** Medium der Zukunft entwickeln. Bereits heute erreicht es mehr Bundesbürger als das Fernsehen und ist somit das Medium mit der höchsten Reichweite und der größten Nutzungszeit (vgl. Opaschowski 1993, S. 6).

Im Gegensatz zum TV-Programm-Sponsoring stellt das Sponsoring von Programmen im Hörfunk eine geeignete Kommunikationsmaßnahme sowohl für große als auch für kleinere und mittelständische Unternehmen dar. Grundsätzlich können gemäß der gesetzlichen Rahmenbedingungen komplette Musikprogramme gesponsert werden. Insbesondere bietet sich die Präsentation von

- Live-Musiksendungen,
- Konzertmitschnitten,
- Hitparaden oder
- Plattentips an.

Im Hörfunk zählt die Musik ohnehin zu den überwiegenden Programminhalten (vgl. Kapitel 5.1.). Daher beschränken Hörfunkanstalten allgemein ihre Sponsoring-Möglichkeiten auf wenige und eher außergewöhnliche Musiksendungen. Viele Sender befürchten, daß eine weitergehende "Musikversponserung" von ihren Hörern nicht ernst genommen würde. Während bei öffentlich-rechtlichen

Hörfunkanstalten vielfach noch über die Möglichkeiten diskutiert wird, in welcher Form Programm-Sponsoring für Unternehmen als Sonderwerbeform angeboten werden kann, fürchteten insbesondere kleinere und mittlere Privatstationen aufgrund der bis zum 1. August 1994 geltenden Richtlinien bereits um einen wesentlichen Teil ihrer wirtschaftlichen Grundlage. Dirk Ulf Stötzel vom Verband Privater Rundfunk und Telekommunikation (VPRT) rechnete für 1994 mit Einnahmeverlusten beim Sponsoring allein im Hörfunk in Höhe von 20 %, das sind etwa 22,8 Millionen DM (Stötzel 1993). Im allgemeinen kosten Sonderwerbeformen im Hörfunk einen Aufschlag zwischen 50 % und 100 % auf die jeweils geltenden Stundentarife. Eine Namensnennung wird meist auf einer zeitlichen Mindestbasis von 15 Sekunden abgerechnet (vgl. IPA Marketing 1992, S. 35).

Hinsichtlich der Musikauswahl bestehen bei den verschiedenen Sendern individuelle Gesamtkonzepte, an denen sich letztlich auch die für das Programm-Sponsoring in Frage kommenden Musiksendungen orientieren. Dadurch ist eine optimale Zielgruppenansprache gewährleistet. Letztlich kann diese Sponsoringform wie das TV-Programm-Sponsoring nur dann effizient sein, wenn derartige Maßnahmen flankierend zu umfangreichen Musiksponsoring-Aktivitäten eingesetzt werden.

7. Leitsätze des Musiksponsorings

Der Einsatz des Musiksponsoring bedingt einige wesentliche Grundregeln, die im Hinblick auf eine glaubwürdige Unterstützung des Kulturgutes Musik Beachtung finden sollten. Ein Musiksponsorship wird seine volle Wirkung erst dann erzielen können, wenn es im Rahmen einer langfristigen Ausrichtung konzipiert wird. Um die Basis für ein Sponsorship zu schaffen, das beiden Partnern den gewünschten Nutzen bringt, ist die Auswahl eines potentiell Gesponserten wohl überlegt vorzunehmen. In diesem Sinne sind in kooperativer Abstimmung entsprechende vertragliche Regelungen zu treffen. Wenn auch in vielen Sponsoringbereichen in letzter Zeit Diskussionen über die zu erwartenden Gegenleistungen eröffnet wurden, sollten Musiksponsoring-Maßnahmen grundsätzlich derart gestaltet werden, daß die künstlerischen Aktivitäten und ihre Aussagekraft im Vordergrund stehen.

7.1. Langfristiger Einsatz des Musiksponsorings

Bisherige Erfahrungen mit Sponsoring in seinen unterschiedlichen Ausprägungen haben erkennen lassen, "daß ein rein aktionistischer, punktueller Einsatz dieses Kommunikationsinstruments wenig effizient ist" (Püttmann 1991a, S. 241), da kurzfristige und wechselnde Engagements bei Zielgruppen irritierende Wirkungen hervorrufen können (vgl. Hermanns 1988, S. 81). Diese Erkenntnis schließt die Forderung nach einem längerfristigen Einsatz des Musiksponsorings ein und bedingt, daß ein Unternehmen langfristig sein Musik-Engagement kreativ und innovativ zu gestalten hat, um immer wieder sowohl das Interesse bei den Medien als auch in der Öffentlichkeit zu wecken. Geschieht dies, so kann Musiksponsoring eine positive interne und externe Kommunikationswirkung erzielen, kann zur Stärkung der Corporate bzw. Brand Identity und somit zur Imagepflege beitragen. Folgende Wirkungszusammenhänge, die das Musiksponsoring als strategisches Kommunikationsinstrument beeinflussen, bedingen diese Erkenntnis:

- Ein Musiksponsorship ist auf die Corporate bzw. Brand Identity auszurichten (siehe Kapitel 4.), die erst eine Wirksamkeit erlangt, wenn sie langfristig angelegt ist.
- Eine Verbesserung des Corporate bzw. Brand Image läßt sich kurzfristig schlecht realisieren.

Daß einzelne Maßnahmen im Zuge eines Sponsorship zumindest kurzfristige Effekte haben, dürfte unbestritten sein. Aufgrund der geschilderten Zusammenhänge kann jedoch davon ausgegangen werden, daß Musiksponsoring nur dann einen Beitrag zur Erreichung strategischer Imageziele leisten kann, wenn es mittel- bzw. langfristig konzipiert ist.

7.2. Sensibles Vorgehen bei der Auswahl von Musiksponsorships

Die neunziger Jahre sind geprägt vom Bewußtsein der besonderen Verantwortung gegenüber Natur, Umwelt und Gesellschaft. Daher besteht in der Bevölkerung in bezug auf kulturelle und kulturpolitische Aktivitäten ein hoher Grad an Sensibilität. Deshalb verlangt der Einsatz des Musiksponsorings ein sensibles Vorgehen - sowohl im Hinblick auf die Behandlung der Gesponserten als auch in bezug auf die eigene kommunikative Darstellung. Heinz H. Fischer rät Unternehmen, die Kultursponsoring als Kommunikationsinstrument nutzen, im eigenen Interesse frühzeitig Selbstbeschränkung zu üben, "statt die Kritik am Kultursponsoring zu verharmlosen" (Fischer 1988, S. 86). Karla Fohrbeck spricht in diesem Zusammenhang von einem nicht zu unterschätzenden "Risiko, mit Kultur in eine wache Öffentlichkeit zu treten, ..., weil sich zwar vertuschen, aber nicht so leicht vergessen läßt, daß die gleiche Firma unter Umständen ein starker Umweltbelaster oder -zerstörer ist, ganze Urwälder in Südamerika abholzen läßt, mit Trockenmilch zur Säuglingssterblichkeit in der Dritten Welt beiträgt oder anderes Unheil anrichtet" (Fohrbeck 1989, S. 68). Derartige wirtschaftsethische Fragen, die von großem gesellschaftlichen Interesse sind, müssen Musiksponsoring als Kommunikationsinstrument für bestimmte Unternehmen nicht ausschließen, verlangen aber eine tiefgreifende Auseinandersetzung mit dem Kulturgut Musik und seinen Akteuren. Für einen erfolgreichen Einsatz des Musiksponsorings ist es daher notwendig, daß diejenigen, die über ein Sponsorship entscheiden, neben Marketing-Kenntnissen auch kulturelle Kompetenz besitzen.

Ein Unternehmen ist als Sponsor keinesfalls für jeden Künstler, jede musikbezogene Organisation bzw. jedes musikalische Ereignis geeignet. Die Partner müssen zueinander passen! Nur eine homogene Kooperation kann für beide Seiten effizient sein. Daher ist zu prüfen, ob ein Sponsorship in der Öffentlichkeit Anlaß geben könnte, das "Werk" eines Gesponserten infolge der Assoziation mit negativen Attitüden und Verhaltensweisen entgegen der ursprünglichen Intention aufzunehmen. Solche Auswirkungen kommen de facto einem - wenn auch ungewollten - Eingriff in den kulturellen Inhalt gleich, der ebensowenig zur Glaubwürdigkeit eines Sponsorship beiträgt wie eine direkte Einflußnahme auf die künstlerische Sphäre, die sich von selbst verbietet. Geht die Intention der Kunst im Zuge eines Sponsorship verloren oder wird diese abgewandelt, kann sich ein "Bumerang-Effekt" bei den relevanten Zielgruppen einstellen, das heißt, die angesprochenen Personen bilden eine der Kommunikationsabsicht entgegengesetzte Meinung (vgl. Kroeber-Riel 1992, S. 214).

7.3. Musiksponsoring im Interesse der Partner

Grundsätzlich ist Musiksponsoring so zu gestalten, daß der Gesponserte nicht zur Durchführung von Wirtschaftsinteressen mißbraucht und vereinnahmt wird oder in der Öffentlichkeit der Eindruck entsteht, daß dies geschieht (vgl. Bruhn 1988, S. 277, Fischer 1988, S. 84). So manch ein Musiker hat Angst vor einem Identitätsverlust in Verbindung mit einem Sponsorship. Einige Künstler und Kulturschaffende sehen ihre Autonomie und Kreativität durch betriebswirtschaftliche Überlegungen bedroht und erheben gegenüber Musiksponsoring grundsätzliche Einwände, wie beispielsweise der Rocksänger Neil Young in seinem Song "This Note's For You", zu dem ein Musikvideo entstand, das aufgrund der Persiflage auf werbetreibende Musiker wie Michael Jackson und Whitney Houston vom Fernsehsender MTV boykottiert wurde (vgl. Jebsen 1990, S. 42). Hinzu kommt, daß einige potentielle Sponsoren progressiv Kulturschaffenden und entsprechenden Institutionen mit gierigem Blick auf plumpe Gegenleistung oftmals untragbare Bedingungen stellen. Beispielsweise hätte sich so manch ein Live-Club (Pop/Rock) bereits für eine größere Summe für einen längerfristigen Zeitraum von einem Zigarettenhersteller sponsern lassen können. Die Folge wäre die Verwandlung der Konzerträumlichkeiten in eine Freizeitoase mit Cowboy- und Abenteuerinsel gewesen.

Daß Musik-Engagements längst nicht immer im Interesse aller Beteiligten erfolgen, verdeutlichte eine Sponsoringidee der Deutschen Lufthansa. Am 13. Dezember 1992 fand in Frankfurt unter dem Motto "Heute die! Morgen Du!" ein Anti-Rassismus-Konzert mit 25 Stars der deutschen Musikszene statt. Unter anderem traten Peter Maffay, Udo Lindenberg, Brings, Die Toten Hosen, Westernhagen, BAP und Herbert Grönemeyer bei dieser Veranstaltung auf. Die Deutsche Lufthansa transportierte Anfang 1993 mehr als 500 Video-Kassetten eines Konzertmitschnittes, mit Lufthansa-Signet sowie Widmung versehen, auf eigene Kosten zu ausländischen Goethe-Instituten, denen die Kassetten als Lehrmaterial zur Verfügung gestellt werden sollten, um das Deutschlandbild "aus dem rechten Licht" zu rücken. Im Vorfeld der Aktivitäten der Lufthansa wurden die gagenfrei konzertierenden Künstler, die die Urheberrechte an den Konzertmitschnitten besitzen, nicht nach deren Einverständnis gefragt. Herbert Grönemeyer war mit dem Sponsoring-Engagement der Lufthansa nicht einverstanden und ließ per einstweiliger Verfügung die Videokassetten zurückholen, und zwar auf Kosten der Deutschen Phono-Akademie, die an der Organisation des Festivals beteiligt war. Sie hatte der Lufthansa grünes Licht für die Aktion gegeben, womit die Fluggesellschaft die Video-Rechte "ordnungsgemäß" erworben hatte. Die Medienvertreter - allen voran Feuilletonisten - waren emotional erregt und gingen mit dem Rocksänger ob seiner Handlung scharf ins Gericht. Sie hatten in Grönemeyer einen "Buhmann" gefunden und ließen die Deutsche Lufthansa als Sponsor hochleben. Die 'Frankfurter Allgemeine Zeitung' tadelte ihn unter der Überschrift "Heiliger Herbert" als "Rächer der Enterbten, ... (der) seinem Ruf als Betroffenheits-Experte gerecht wird" (FAZ, Nr. 158, 1993). In der 'Süddeutschen Zeitung' stand zu lesen: "... Die Haltung Grönemeyers, der derzeit mit dem Album "Chaos" die LP-Charts anführt, stößt auf beträchtlichen Widerspruch. Seine Kompromißlosigkeit wird von vielen Beteiligten nicht verstanden, denn als Begründung muß seine Abneigung gegen Sponsoren herhalten..." (Stark 1993,

S. 12). Dieses Beispiel belegt, daß Sponsoring keine einseitige Herrschaft sein darf, sondern im Interesse sowohl der Wirtschaft als auch der Kulturschaffenden einzusetzen ist.

7.4. Vertragsrechtliche Regelungen von Musiksponsorships

Musiksponsoring bedingt ein gegenseitiges Vertragsverhältnis zweier oder mehrerer Partner, was einen kommunikativen Einsatz ohne Absprache mit Künstlern, Veranstaltern oder musikbezogenen Organisationen verbietet. Die Gestaltung eines Sponsoring-Vertrages ist mit einer Vielzahl von Rechtsfragen verbunden (vgl. Bruhn/Mehlinger 1992), wobei verschiedene Kriterien zu berücksichtigen sind, die in unmittelbarem Zusammenhang zum Sponsorship stehen. Einige seien hier genannt:

- Exklusivitätsklausel,
- Abgrenzung nach Branchen- bzw. Produktkategorien,
- Umfang und Art der werblichen Einsatzmöglichkeiten,
- Gestalterische Vorschriften der kommunikativen Maßnahmen,
- Festlegung des Sponsoringbetrags,
- Vertragszeitraum, Sperrklauseln, Optionen,
- Einsatzgebiet (lokal, regional, national, international).

Ein wesentlicher Aspekt bei der Vertragsgestaltung ist die Regelung der Urheberrechte. Die Nutzungsrechte von Musikproduktionen, Fotos, Emblemen, Prädikaten etc. sollten grundsätzlich vor einem werblichen Einsatz geklärt werden. Das Urheberrechtsgesetz (UrhG) gibt vor, daß erst 70 Jahre nach dem Ableben eines Komponisten die Rechte an seinen Werken frei werden. Solange hat der Urheber, als Schöpfer des Werkes, das ausschließliche Recht, darüber zu entscheiden, ob und in welcher Form sein Werk veröffentlicht werden darf. Mögliche Bearbeitungen und Umgestaltungen des Werkes bedürfen der Einwilligung des Urhebers. Gemäß § 14 UrhG kann er grundsätzlich eine Entstellung oder eine andere Beeinträchtigung seines Werkes untersagen, sofern diese geeignet scheint, seine berechtigten oder persönlichen Interessen am Werk zu gefährden. Bei aller Euphorie über eine Sponsor-Partnerschaft dürfen die Schutzrechte der ausübenden Künstler keinesfalls außer acht gelassen werden. In diesem Zusammenhang soll auf die §§ 73 bis 84 des UrhG hingewiesen werden. Die §§ 74, 75 und 76 Abs. 1 UrhG bestimmen, daß die Darbietungen des ausübenden Künstlers nur mit seiner Einwilligung

- außerhalb des Raumes, in dem diese stattfinden, durch Bildschirm, Lautsprecher oder ähnliche technische Einrichtungen öffentlich wahrnehmbar gemacht,
- auf Bild- oder Tonträger aufgenommen und vervielfältigt und/oder
- durch Funk gesendet werden dürfen.

Nach § 83 Abs. 1 UrhG haben ausübende Künstler zudem das Recht, eine Entstellung oder eine andere Beeinträchtigung ihrer Darstellung zu verbieten, die geeignet ist, ihr Ansehen oder ihren Ruf als ausübende Künstler zu gefährden. Ein Sponsorship sollte folglich auf kooperativer Basis zum Nutzen **beider** Partner konzipiert werden. Ist ein Sponsor Initiator und Veranstalter eines musikalischen Ereignisses, obliegt ihm nach § 81 UrhG ein Schutzrecht, das besagt, daß es für die nach §§ 74, 75 und 76 Abs. 1 angesprochenen Rechte für ausübende Künstler die öffentliche Wahrnehmbarkeit und Vervielfältigung neben der Einwilligung des ausübenden Künstlers auch der Einwilligung des Inhabers des Unternehmens bedarf.

7.5. Dezentes Musiksponsoring

Musiksponsoring ist nicht mit Musikwerbung oder Werbung mit Musik gleichzusetzen (vgl. auch Kapitel 6.5.). Werbung ist nicht als eigentliche, sondern vielmehr als begleitende Maßnahme des Musiksponsorings integrativ einzusetzen. Hieraus läßt sich ableiten, daß musikalische bzw. künstlerische Aktivitäten im Mittelpunkt eines Sponsorship zu stehen haben. Sponsoring-Botschaften dürfen bei den Rezipienten bzw. den Zuschauern einer Musikveranstaltung nicht den Eindruck erwecken, daß sie Besucher einer Werbeveranstaltung anstatt eines musikalischen Ereignisses sind. Wenn die Manipulationsabsicht durchschaut und als unangenehm empfunden wird, kann aufdringliches Musiksponsoring zur Reaktanz bei den Zielpersonen führen. Dies bedeutet, daß ein gesponsertes Ereignis nicht durch (Werbe-)Maßnahmen derart verdrängt werden darf, daß die Musik zum schmückenden Beiwerk degradiert wird. Insbesondere das Überladen einer Musikveranstaltung mit (werblichen) Hinweisen auf den/die Sponsor(en) kann einem Unternehmen ebenso wie den Künstlern mehr Schaden als Nutzen bringen. Die Gestaltung der Kommunikationsbotschaft sollte vielmehr prägnant sein, um wahrgenommen zu werden und um gleichzeitig bei den relevanten Zielgruppen Anklang zu finden. Genau diese "Gratwanderung" ist angesprochen, wenn von dezentem Musiksponsoring die Rede ist, auf deren Basis Sponsoring-Engagements effizient und erfolgreich umgesetzt werden können. Dies gilt für Sponsorships in allen Musikbereichen, wobei die kommunikative Präsenz um so dezenter zu gestalten ist, je feierlicher das Ambiente und je höher der "kulturelle Wert" eines musikalischen Ereignisses für die Gesellschaft einzuschätzen ist. Dieser Zusammenhang spiegelt sich beispielhaft in der Selbstverständlichkeit wider, in der Sponsoring-Maßnahmen im Umfeld von Konzerten und Aufführungen der klassischen Musik dezenter gestaltet werden als bei Veranstaltungen der Pop- und Rockmusik. Dieses Selbstverständnis prägt zumindest (noch) den Sponsoring-Einsatz in Deutschland. So ist beispielsweise in osteuropäischen Ländern häufig eine andere Form der kommunikativen Präsenz von Sponsoren im "kulturellen Umfeld" zu beobachten. Ein Beispiel: Anläßlich einer Openinszenierung, die im Rahmen einer Fernseh- und Tonträger-Produktion an mehreren Tagen auf einer ungarischen Freiluft-Bühne aufgeführt wurde, setzte ein Sponsor aus dem Brauereiwesen für seine Marke verschiedene Maßnahmen ein. Die Besucher wurden im Eingangsbereich mit entsprechenden Bierständen des Sponsors begrüßt, an denen sie den Gerstensaft zum Dumping-Preis erhielten. In dem angesprochenen Land kostete eine Flasche Bier des Sponsors im Handel etwa das Doppelte. An den Seitenwänden waren mehrere Banner eingesetzt, die in den Markenfarben gehalten und mit dem Biermarken-Logo versehen waren. Zwei weitere Banner rahmten die Bühne ein. Die Pausen nutzten Hostessen, um eingekleidet in "Brauerei"-T-Shirts Brezeln an die hungrigen und anschließend durstigen Kunst- und Musikinteressierten zu verkaufen. Zum Finale wurde ein Arrangement auf der Bühne plaziert, das mit Blumen und kleinen Fähnchen, selbstverständlich mit Biermarken-Signet versehen, gesteckt war. Dem Leser soll es überlassen bleiben, über diese Art der Präsenz im Rahmen einer Opernaufführung zu urteilen.

8. Effizienzbestimmung von Musiksponsoring-Maßnahmen

Frei nach dem ökonomischen Prinzip werden viele Unternehmen, die Sponsoring als Kommunikationsinstrument nutzen, bestrebt sein, mit einem gegebenen Sponsoringbudget einen maximalen (Sponsoring-)Nutzen oder einen bestimmten (Sponsoring-)Nutzen mit einem minimalen Sponsoringbudget zu erzielen, wobei der (Sponsoring-)Nutzen sich aus der realisierten Zielerreichung ableiten läßt. Um diesem Anspruch gerecht werden zu können, verlangt der Einsatz des Musiksponsorings eine planvolle, systematische Konzeption, eine ebenso professionelle Durchführung, aber auch die Kontrolle und Nachbereitung der Sponsoring-Aktivitäten.

8.1. Fixierung des Musiksponsoring-Budgets

Ausgehend vom Marketingbudget, das von der Geschäftsleitung zusammen mit der Marketingleitung festgelegt wird, ist das Sponsoringbudget in Abstimmung mit den übrigen Kommunikationsinstrumenten zu fixieren. Der Festlegung der Finanzmittel für die Maßnahmen des Sponsorings in seiner heterogenen Ausprägung allgemein folgt die Budgetzuordnung für die einzelnen Sponsoringbereiche und für das Musiksponsoring im besonderen, wobei folgende Kostenblöcke zu berücksichtigen sind, die sämtliche Kosten einbeziehen, die mit einem Sponsorship in Verbindung stehen (vgl. unter anderem Bruhn 1989b, S. 23):

- Der **Sponsoringbetrag** stellt die vertraglich geregelte Gegenleistung dar, die den/dem Gesponserten überwiesen werden muß. Bei Sachzuwendungen oder Dienstleistungen sind die einzelnen Mittel entsprechend kostenmäßig zu kalkulieren.

- Das **Aktionsbudget** umfaßt sämtliche finanziellen Mittel, die zur Gestaltung der verschiedenen Maßnahmen im Zuge eines Sponsorship erforderlich sind.

- **Personalkosten** entstehen durch den Einsatz interner und/oder externer Mitarbeiter, die zur Durchführung einzelner Sponsoring-Maßnahmen notwendig sind (zum Beispiel Betreuer, Hostessen).

- **Honorationskosten** treten auf, sofern sich der Leistung einer Sponsoring-Agentur bedient wird.

- **Nachbereitungskosten** sind die finanziellen Mittel, die für die Kontrolle und Nachbereitung eines Sponsorship aufgebracht werden müssen.

In Anbetracht der Vielfalt von Ausprägungen und Formen des Musiksponsorings ist es schwierig, eine allgemein gültige Aussage hinsichtlich der Betragshöhe der zu erwartenden Kosten zu machen. Die zu kalkulierenden Kosten variieren vor allem in Abhängigkeit
- von Art und Umfang der jeweiligen Sponsoring-Maßnahmen,
- von den Gegenleistungen der Gesponserten,
- vom Leistungsniveau und
- vom Marktwert der Künstler.

Als Ansatzpunkt für eine Sponsoring-Budgetierung kann davon ausgegangen werden, daß für die Vermarktung eines Sponsorship ein in etwa dem Sponsoringbetrag entsprechender Vermarktungsbetrag kalkuliert werden sollte (vgl. Bruhn 1991, S. 255 f.).

Da immer mehr Unternehmen Sponsoring als Kommunikationsinstrument nutzen, wächst das Marktvolumen des Sponsorings in allen Bereichen, den Sektor Musik eingeschlossen. Es existiert kein Markt mit festen Preisen für Musiksponsorships. Vielmehr variieren die Sponsoring-Preise zum Teil in erheblicher Weise. So kann der Mittelaufwand für die Hauptsponsorenschaft bei einem Musikfestival zwischen 50.000 DM und 1.000.000 DM liegen. Der Kampf um medien- und prestigeträchtige Sponsorships läßt die Preise in einigen Musiksegmenten weiter in die Höhe schnellen. Die Münchner Philharmoniker beendeten beispielsweise 1990 ihre fünf Jahre alte Sponsor-Partnerschaft mit Audi, um dem japanischen Elektronik-Konzern NEC den Zuschlag zu erteilen - "die Japaner hatten mit 1,5 Millionen DM das Dreifache des Audi-Etats geboten" (Ernst-Motz/Zdral 1991, S. 45). Aktuelle Beispiele der Pop- und Rockmusik zeigen, daß einige Künstler bereits Größenordnungen erreicht haben, die mit Sponsorships im Sportbereich vergleichbar sind. So soll die Rockgruppe Genesis für ihre Werbe-Partnerschaft mit Volkswagen umgerechnet 20 Millionen DM von dem Automobilkonzern erhalten haben (vgl. Kowalewsky 1992, S. 109). Die Etats von Coca-Cola oder Pepsi-Cola für deren umfangreiche Musik-Engagements erreichen nach Experten-Schätzungen dreistellige Millionenbeträge.

Solche Zahlen sollten kein Unternehmen, das ein kostengünstiges Musiksponsorship anstrebt, vor der Nutzung dieses Kommunikationsinstrumentes abschrecken. Musiksponsoring kann auch im Zuge einer sparsamen Budgetierung sinnvoll gestaltet werden. Zur Verwirklichung sind vor allem kreative Ideen zu entwickeln, die sich von Sponsorships der Konkurrenz unterscheiden und abheben. Hier ist an den Einsatz von neuen kommunikativen Maßnahmen im Rahmen von Musikveranstaltungen, die Entwicklung von bislang unbekannten oder ungewöhnlichen Sponsorships oder die Erprobung innovativer Möglichkeiten der Integration mit weiteren Kommunikationsformen zu denken (vgl. Bruhn 1991, S. 405). Viele Sponsoring-Experten sehen vor allem in lokalem und regionalem Musiksponsoring ein kostengünstiges Kommunikationsinstrument. Dies gilt ebenso für das Sponsoring von Nachwuchskünstlern. Da der Begriff "kostengünstig" subjektiv verschieden interpretiert werden kann, interessiert der sich aus einem Musiksponsoring-Engagement manifestierende Nutzen, der mittels Kontrollen zu determinieren ist.

8.2. Durchführung der Musiksponsoring-Kontrolle

Die **Sponsoring-Kontrolle** definiert sich als ständige, systematische Überprüfung und Beurteilung aller Sponsoring-Aktivitäten. Um Fehlentscheidungen bzw.

Fehlentwicklungen im Zuge eines Sponsorship frühzeitig aufdecken zu können, sind sowohl in der Konzeptionierungs- bzw. Planungsphase als auch in der Durchführungsphase von Sponsoring-Maßnahmen ständig **Prozeßkontrollen** bzw. Sponsoring-Audits durchzuführen (vgl. Hermanns 1991, S. 31, Hermanns/ Püttmann 1989c, S. 41 f.). Dies sind qualitative Analysen der Rahmenbedingungen des Musiksponsorings zur Prüfung seiner Chancen und Risiken. Die im Sponsoring-Audit erfolgende objektive Bewertung ermöglicht Aussagen über die Qualität eines Sponsorships. Als Hilfsmittel können individuell erarbeitete Checklisten oder Netzpläne dienen. Eine Prüfliste, als mögliches Entscheidungsraster für die Auswahl und Plazierung von Musiksponsorships, gibt Abbildung 7 beispielhaft vor.

Eine **ergebnisorientierte Sponsoring-Kontolle**, die sich an den für das Musiksponsoring formulierten Zielsetzungen orientiert, dient der Überprüfung des Nutzens bzw. des Erfolges eines realisierten Sponsorship (vgl. Bruhn 1989b, S. 26, Hermanns 1991, S. 30). Sie bedingt einen **Soll-Ist-Vergleich**, der Aufschluß gibt, ob das Angestrebte mit dem Erreichten übereinstimmt. Sind Abweichungen sichtbar, schließt sich eine Analyse der Abweichungsursachen an. Die gewonnenen (Kontroll-)Informationen signalisieren, ob und inwieweit die Sponsoring-Konzeption zu modifizieren ist. Die ergebnisorientierte Sponsoring-Kontrolle übernimmt somit eine Feedback-Funktion und liefert im Hinblick auf die Planung und die Durchführung weiterer Musiksponsorships wertvolle Anstöße und Kenntnisse. Ergebnisorientierte Marketing-Kontrollen bedingen die Durchführung **quantitativer Kontrollen**, die der Überprüfung ökonomischer Ziele dienen (Steigerung von Umsatz, Gewinn, Marktanteile etc.), sowie die Durchführung **qualitativer Kontrollen**, die psychographische Ziele zum Gegenstand der Untersuchungen haben (vgl. Nieschlag/Dichtl/Hörschgen 1991, S. 916 f.). Da mehrheitlich mit dem Einsatz des Musiksponsorings psychographische Ziele verfolgt werden, die erst mittel- bis langfristig quantitative Ziele operationalisieren, wird im folgenden die qualitative Kontrolle skizziert, die sich zunächst auf die Kontrolle der momentanen Kommunikationswirkung eines Sponsorship bezieht und auf eine nähere Betrachtung der quantitativen Kontrolle verzichtet. Da effizientes Musiksponsoring einen mittel- bis langfristigen Einsatz bedingt (vgl. Kapitel 7.1.) und sich der (Gesamt-)Nutzen und (Gesamt-)Erfolg erst mittel- bis langfristig offenbart, sind zur Messung der dauerhaften Kommunikationswirkungen Kontrollen in Form von Imageanalysen durchzuführen. An die Wirkungskontrollen schließt sich idealtypisch eine Erfolgskontrolle in Form einer Kosten-Nutzen-Analyse an.

Entscheidungskriterien	Punktwert 1)	Gewichtungsfaktor	Gewichteter Wert/ Max.
Steht das Musiksponsoring in Übereinstimmung mit der Corporate bzw. Brand Identity?		x 3	/ 30
Wie gut läßt sich das Musiksponsorship für das Unternehmen innerbetrieblich und marktbezogen begründen?		x 3	/ 30
Kann das Musiksponsoring glaubwürdig einen Beitrag zur Dokumentation gesellschaftlicher Verantwortung leisten?		x 1	/ 10
Bietet das Musiksponsorship eine Alleinstellung oder Dominanz des Unternehmens?		x 1	/ 10
Werden durch das Musiksponsorship Zielgruppen erreicht, die mit Hilfe anderer Kommunikationsformen schlecht erreichbar sind?		x 2	/ 20
Ist eine Profilierung auch dann gewährleistet, wenn konkurrierende Unternehmen im gleichen Musiksektor bereits tätig sind?		x 1	/ 10
Kann das Unternehmen eigene Maßnahmen ergreifen, um das Musiksponsorship zu ergänzen und zu erweitern (integrativer Einsatz im Marketing- bzw. Kommunikations-Mix)?		x 3	/ 30
Mit welchen Reaktionen (Akzeptanz) ist in der Öffentlichkeit und in den Medien zu rechnen?		x 1	/ 10
Läßt sich das Musiksponsorship mit weiteren Sponsoringbereichen verknüpfen?		x 2	/ 20
Kann das Musiksponsorship mittel- bis langfristig fortgesetzt werden?		x 1	/ 10
Summe der gewichteten Punktwerte			/ 180
1) (von 10 = sehr gut bis 1 = sehr schlecht)			

Abbildung 7: Beispiel für ein Entscheidungsraster im Musiksponsoring (in Anlehnung an Bruhn 1991, S. 250)

Das Hauptproblem der ergebnisorientierten Sponsoring-Kontrolle besteht darin, Musiksponsoring als flankierendes kommunikationspolitisches Instrument in seinem Wirkungsgrad isoliert zu betrachten. Da Musiksponsoring lediglich eine Komponente einer Corporate bzw. Brand Identity-Strategie und nur eines von mehreren Kommunikationsinstrumenten darstellt, ergeben sich wechselseitige Abhängigkeiten, sogenannte **Interdependenzprobleme**. Die einzelnen Instrumente überschneiden sich zum Teil in ihrer Leistung bzw. ergänzen sich in ihrer Wirkung. Darüber hinaus erzielen sie infolge eines integrativen und kombinierten Einsatzes noch stärkere Wirkungen im Sinne von Synergie-Effekten (vgl. Hermanns 1991, S. 30, Hermanns/Püttmann 1989c, S. 40 f.). Zudem können die verschiedenen Sponsorships im Rahmen des Sponsoring-Mix nur selten hinsichtlich ihrer Wirkungen isoliert werden. Eine eindeutige Zuordnung der Kommunikationswirkung eines Musiksponsorship läßt sich aufgrund der angesprochenen Probleme nur schwer vornehmen. Eine Wirkungsanalyse, die ausschließlich für den Sponsoringbereich Musik gilt, wird meist unter Ceteris-Paribus-Bedingungen durchgeführt, d. h. alle weiteren Einflußfaktoren abseits des Musiksponsorings werden in ihrer Wirkung unberücksichtigt gelassen. Abbildung 8 verdeutlicht die unterschiedlichen Schritte der Musiksponsoring-Kontrolle.

8.2.1. Analyse der momentanen Kommunikationswirkung

Unter der momentanen Kommunikationswirkung sind die von Individuen gezeigten, kurzfristigen Reaktionen in einer bestimmten Situation zu verstehen (vgl. Bruhn 1989a, S. 77, 1991, S. 273). Kurzfristig lassen sich am ehesten die Wirkungen von Musiksponsoring-Aktivitäten von denen isolieren, die von anderen Instrumenten der Kommunikationspolitik ausgehen. Da für die angesprochenen Zielgruppen bzw. -personen das jeweilige gesponserte Ereignis im Vordergrund ihrer Interessen steht, werden die Sponsoring-Maßnahmen lediglich sekundäre Aufmerksamkeitswirkungen erlangen (vgl. Hermanns/Püttmann 1989c, S. 40). Es stellt sich somit die wirkungsorientierte Frage, inwieweit ein Sponsorship von den Zielpersonen wahrgenommen wird. Als Verfahren zur Messung der momentanen Wirkung von Kommunikationsmaßnahmen bedient man sich vor allem sogenannter Posttests und Inbetween- oder Trackingstudien.

```
┌─────────────────────────────┐
│  Musiksponsoring-Kontrolle  │
└─────────────────────────────┘
              │
              ▼
┌─────────────────────────────┐
│       Prozeßkontolle        │
│     (Sponsoring-Audit)      │
│      in der Planungs- und   │
│       Durchführungsphase    │
│   * Imageanalyse            │
│   * Zielgruppenanalyse      │
│   * Sponsoring-Ziele        │
│   * Auswahl von Sponsorships│
│   * Sponsoring-Maßnahmen    │
└─────────────────────────────┘
              │
              ▼                          ┌──────────────┐
┌─────────────────────────────┐          │ Quantitative │
│  Ergebnisorientierte Kontrolle │──────►│   Kontrolle  │
└─────────────────────────────┘          │  * Umsatz    │
              │                          │  * Markt-    │
              ▼                          │    anteil    │
┌─────────────────────────────┐          │  * Gewinn    │
│     Qualitative Kontrolle    │         └──────────────┘
│        Wirkungsanalyse       │
└─────────────────────────────┘
         │            │
         ▼            ▼
┌──────────────────┐  ┌──────────────────────┐
│ Momentane        │  │ Dauerhafte           │
│ Kommunikationswirkung │ Kommunikationswirkung │
│ * Aufmerksamkeit │  │ * Image              │
│ * Interesse      │  │ * Vertrauen          │
│ * Akzeptanz      │  │ * Bekanntheit        │
│ * Kontaktzahlen  │  │ * Mitarbeiteridentifikation │
└──────────────────┘  └──────────────────────┘
              │
              ▼
        ╱─────────────────╲
       │  Erfolgskontrolle │
       │ "Kosten-Nutzen-Analyse" │
       │                   │
       │  * Sponsoring-Mix │
       │  * Kommunikations-Mix │
        ╲─────────────────╱
```

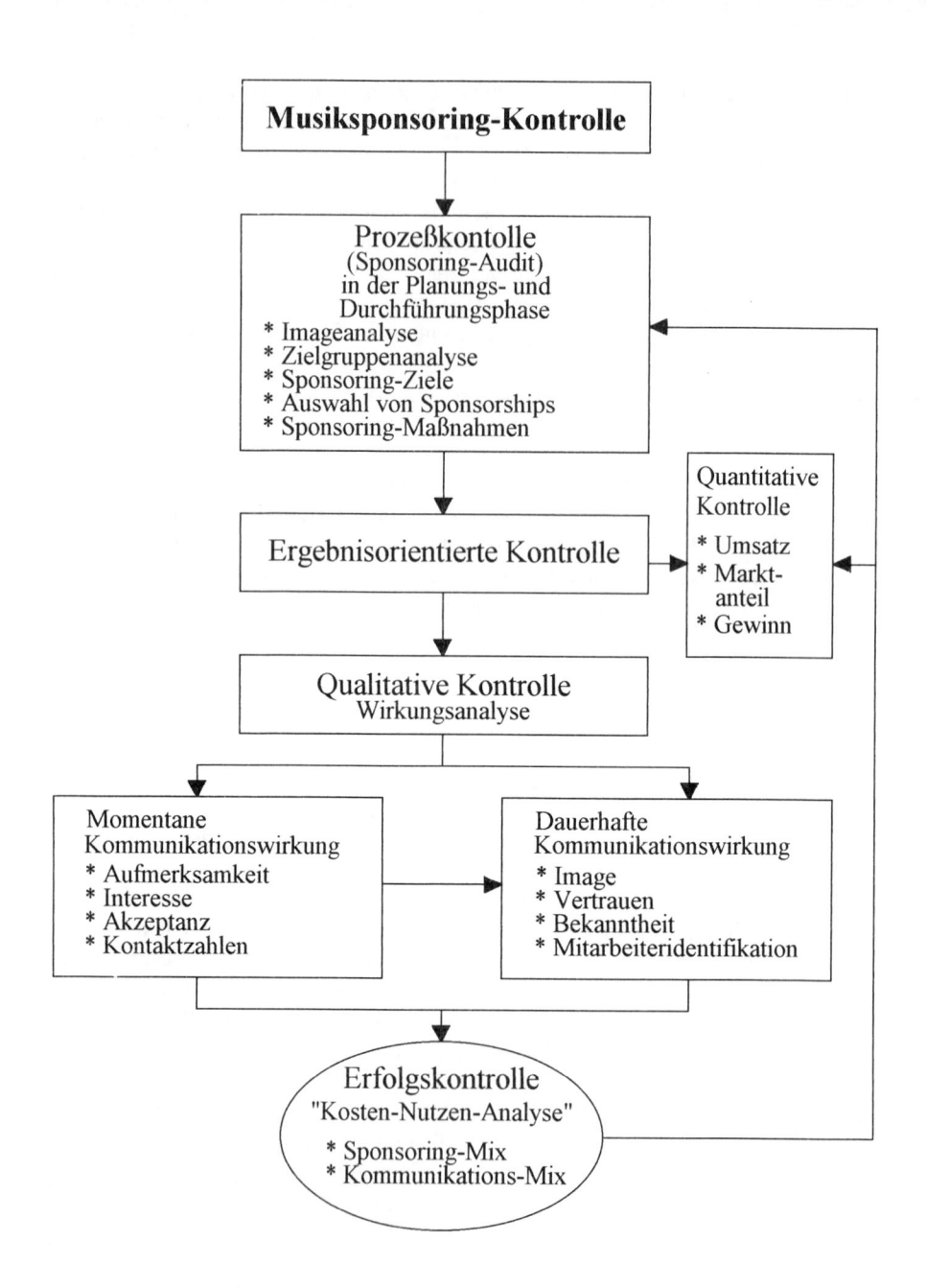

Abbildung 8: Ansatz einer Musiksponsoring-Kontrolle

Posttest

Mit der Durchführung eines Posttests wird nach Beendigung einer Sponsoring-Kampagne untersucht, inwieweit die kurzfristigen Ziele erreicht wurden. Posttests geben somit wertvolle Hinweise für die Gestaltung zukünftiger Sponsorships.

Inbetween- oder Trackingstudie

Ist ein Sponsorship für eine längere Periode konzipiert, bietet sich der Einsatz von Inbetween- oder Trackingstudien an. Die Messung der Kommunikationswirkung von Sponsoring-Maßnahmen erfolgt während eines noch andauernden Engagements, beispielsweise während des Zeitraums einer Tournee. Auf diese Weise können eventuell notwendige Korrekturen hinsichtlich der Gestaltung kommunikativer Maßnahmen bereits während eines laufenden Sponsorship vorgenommen werden (vgl. Hermanns 1991, S. 32, Hermanns/Püttmann 1989c, S. 44).

Zur Durchführung derartiger Tests bzw. Studien wird auf die Verfahren der Sozial- und Marktforschung, hier der Primärforschung, zurückgegriffen. Für das Musiksponsoring bietet sich zur Erfassung der Kommunikationswirkung insbesondere das Instrument der Befragung an. Die Gedächtniswirkung, bezogen auf Sponsoring-Maßnahmen, kann im Rahmen von Wiedererkennungs- und Erinnerungsverfahren gemessen werden. Die Ermittlung von Recognition- und Recallwerten unterliegt allerdings meßtechnischen Problemen.

Die Wahrnehmung von Sponsoring-Botschaften bei den Zielpersonen gilt zwar als notwendige Voraussetzung für eine wie auch immer geartete Sponsoringwirkung, ist aber noch keine hinreichende Voraussetzung im Sinne einer Einstellungswirkung. Es gilt die Akzeptanz von Sponsoring-Botschaften und die Einstellungen gegenüber einem Sponsorship zu messen, um die Wahrnehmungsbedingungen zu optimieren und die Gestaltungs- und Plazierungsentscheidungen von Sponsoring-Maßnahmen zu verbessern. Eine geeignete Methode stellt die Befragung von Probanden dar, die ihre gewonnenen Eindrücke in bezug auf das jeweilige Sponsorship eindimensional bewerten sollen, beispielsweise von **gut** bis **schlecht** in einem Wert skaliert (vgl. Nieschlag/Dichtl/Hörschgen 1991, S. 656 ff.). Die aus derartigen Verfahren gewonnenen Erkenntnisse können durch die Ermittlung von Kontaktzahlen ergänzt werden. Zur Messung der Häufigkeit und Menge an Kontakten kommen als relevante Indikatoren des weiteren die Besucherzahlen eines gesponserten Ereignisses, die Reichweite von Printmedien, Fernseheinschaltquoten etc. in Betracht.

Neben dem anwendungsorientierten Ansatz der momentanen Wirkungskontrolle kann auf Grundlagenstudien von Marktforschungsinstituten zurückgegriffen werden. Beispielsweise führt das Sample Institut seit 1988 jährlich Untersuchungen zum Thema Sponsoring durch. Die Studie "Sponsoring IV" des Sample Instituts (vgl. Sample Institut 1991) über Bekanntheit und Wirkung von Kultursponsoring-Maßnahmen belegt, daß die Wahrnehmung von Sponsoren bei Pop- und Rockkonzerten gegenüber anderen Musikveranstaltungen sowohl in West- als auch in Ostdeutschland am größten ist. Im Vergleich mit anderen Kulturveranstaltungen erhalten in den alten Bundesländern nur Ausstellungen bei Banken und Sparkassen mehr Aufmerksamkeit (siehe Abbildung 9).

Veranstaltung	ostdeutsche Besucher	westdeutsche Besucher
Ausstellung bei Bank/Sparkasse	13%	43%
Rock-/Popkonzert	28%	32%
Ausstellung in Museum/Galerie	22%	23%
Theater	20%	18%
Klassisches Konzert	9%	8%
Ausstellung in anderen Untern.	6%	15%
Oper	6%	2%
Ausstellung bei Versicherung	5%	10%
Operette/Musical	4%	5%
Balett	1%	3%

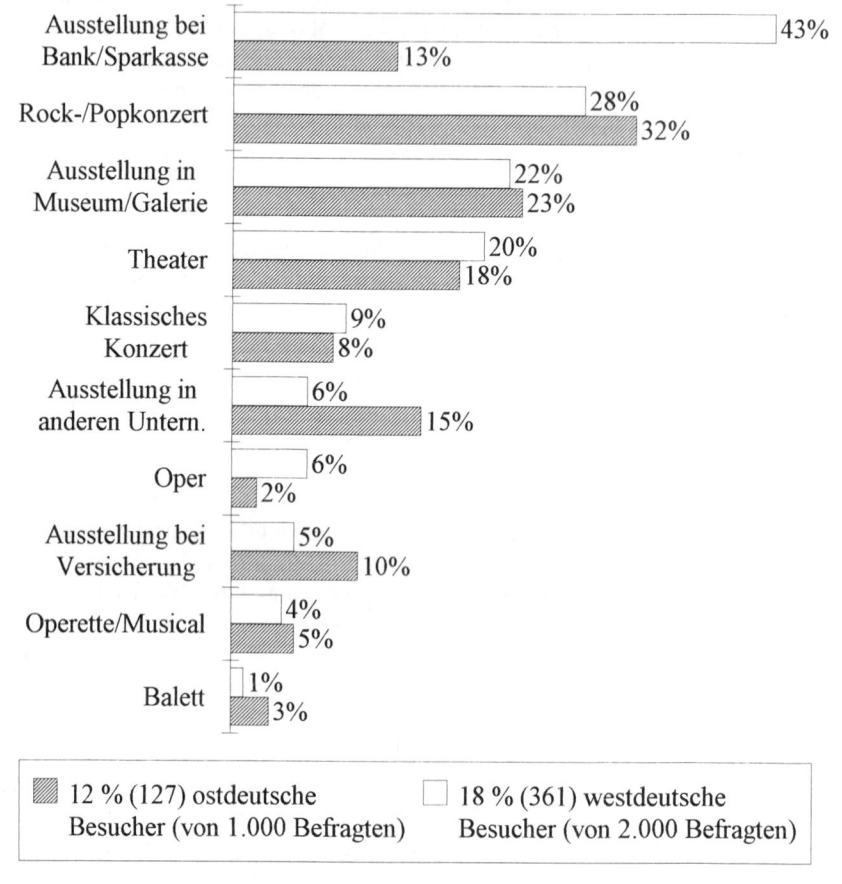

12 % (127) ostdeutsche Besucher (von 1.000 Befragten)

18 % (361) westdeutsche Besucher (von 2.000 Befragten)

Abbildung 9: Besuch von gesponserten Veranstaltungen (Quelle: Sample Institut 1991)

Eine Befragung von Probanden, die schon eine gesponserte kulturelle Veranstaltung besucht haben, zeigt, daß mehrheitlich Sponsorships aufgrund von Aufdrukken eines Unternehmens- oder Markenlogos des jeweiligen Sponsors auf Ankündigungsplakaten wahrgenommen werden, gefolgt von Eintritts-, Einladungskarten und Nennungen des Sponsors in Programmen und Katalogen (siehe Abbildung 10).

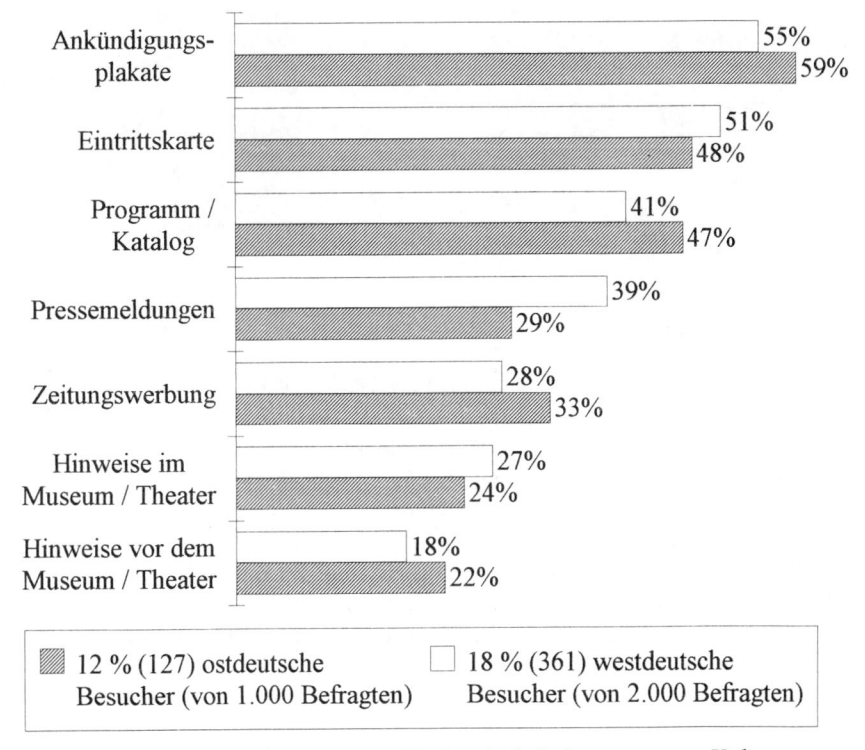

Werbemittel	ostdeutsch	westdeutsch
Ankündigungsplakate	55%	59%
Eintrittskarte	51%	48%
Programm / Katalog	41%	47%
Pressemeldungen	39%	29%
Zeitungswerbung	28%	33%
Hinweise im Museum / Theater	27%	24%
Hinweise vor dem Museum / Theater	18%	22%

12 % (127) ostdeutsche Besucher (von 1.000 Befragten)
18 % (361) westdeutsche Besucher (von 2.000 Befragten)

Abbildung 10: Gestützte Erinnerung von Werbemitteln bei gesponserten Kulturveranstaltungen
(Quelle: Sample Institut 1991)

Des weiteren ermittelte das Sample Institut, daß Kultursponsoring allgemein in der Öffentlichkeit mehr und mehr akzeptiert wird, insbesondere bei denen, die Kultursponsoring selbst erleben (siehe Abbildung 11). Ähnliche Ergebnisse ermittelte das Kölner Marktforschungsinstitut Sport + Markt, wonach das Sponsoring von Kulturveranstaltungen eine besondere Kontaktqualität bietet, die sich in dem kaum vorhandenen Bestehen von Vorbehalten seitens der angesprochenen Zielgruppen gegenüber Sponsoring im kulturellen Bereich äußert (vgl. Zastrow 1993, S. 23).

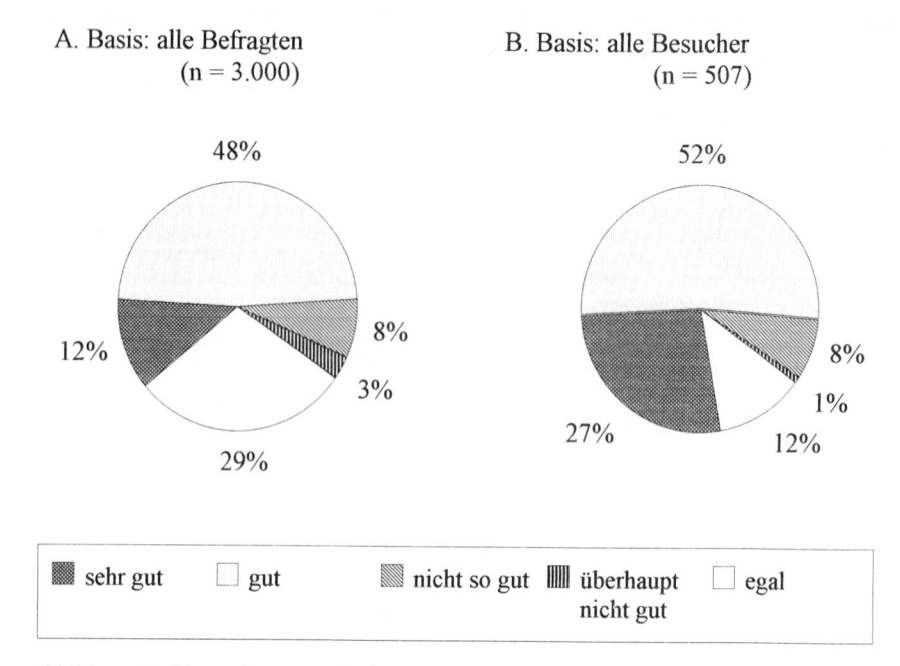

A. Basis: alle Befragten B. Basis: alle Besucher
(n = 3.000) (n = 507)

48% 52%

12% 8%
  3% 8%
29% 1%
  27% 12%

▓ sehr gut   ☐ gut   ▨ nicht so gut   ▥ überhaupt   ☐ egal
                                        nicht gut

Abbildung 11: Beurteilung von Kultursponsoring-Maßnahmen
(Quelle: Sample Institut 1991)

Derartige Grundlagenstudien geben aufgrund ihrer für das Kultursponsoring allgemeingültigen Aussagen keinen direkten Aufschluß über die Kommunikationswirkung eines wie auch immer gestalteten Musiksponsorship, können jedoch als Richtwerte verstanden werden.

8.2.2. Analyse der dauerhaften Kommunikationswirkung

Unter der dauerhaften Kommunikationswirkung sind von Individuen "im Zeitablauf gelernte, langfristig wirksame psychologische Konstrukte zu verstehen" (Bruhn 1989a, S. 75 ff., 1991, S. 271). Die Messung der Veränderungen von Einstellungen zum Sponsor, die daraus resultierenden Kaufdispositionen, die Erfassung von Imagewirkungen sowie des Imagetransfers auf das jeweilige Unternehmen bzw. die Marke stellt sich aufgrund der bereits erläuterten Interdependenzprobleme für einen mittel- bis langfristigen Einsatz des Musiksponsorings als äußerst problematisch dar. Da nicht erwartet werden kann, daß aus einem bestimmten Musik-Engagement für jedes Unternehmen eine Imagewirkung in gleichem Maße hervorgeht, ist die kommunikative Wirkung für einen längerfristigen Zeitraum nicht eindeutig kalkulierbar. Vielmehr wird die Prägung eines Unternehmens- bzw. Markenimages von allen relevanten Wettbewerbseffekten beeinflußt. Als Meßverfahren kommen hier Befragungen in Form von Skalierungsmethoden wie das semantische Differenzial zur Ermittlung eines Polaritätsprofils in Frage (vgl. Nieschlag/Dichtl/Hörschgen 1991, S. 672 ff.). Zur Erzielung von Näherungswerten bietet sich die Durchführung regelmäßiger Analysen zur Ermittlung der momentanen Kommunikationswirkung an, die additiv hypothetische Rückschlüsse auf langfristige Wirkungen zulassen.

Neben anwendungsorientierten Ansätzen kann auch hier zusätzlich auf Grundlagenstudien von Marktforschungsinstituten zurückgegriffen werden. Beispielsweise ermittelte das Sample Institut, daß etwa jeder dritte Deutsche das Produkt eines Kultursponsors zum Kauf empfehlen würde (vgl. Sample Institut 1992).

8.2.3. Ansatz für eine Kosten-Nutzen-Analyse

An die Kontrolle der momentanen und dauerhaften Kommunikationswirkung schließt sich idealtypisch eine Erfolgskontrolle an, die als eine Art subjektive Kosten-Nutzen-Analyse verstanden werden kann, bei der die wahrgenommene Zielerreichung der Sponsoring-Aktivitäten den entstandenen Kosten gegenüber gestellt wird. Die ermittelten Werte sind unternehmensintern mit den Daten "konkurrierender" Aktionen in weiteren Sponsoringbereichen zu vergleichen sowie auf das gesamte Kommunikations-Mix zu beziehen.

Eine Gegenüberstellung der Erfolgsergebnisse eines Musiksponsoring-Engagements mit Sponsorships in weiteren Bereichen schafft die Basis, um die Sponsoring-Alternativen zu wählen, denen der höchste Grad an Effizienz zukommt. Als Voraussetzungen für derartige Vergleiche gelten einander entsprechende Zielvorgaben. Im Hinblick auf eine anzustrebende Sponsoring-Schwerpunktbildung (vgl. Kapitel 5.4.2.3.) ist zudem die Erfolgskontrolle auf das gesamte Sponsoring-Mix zu beziehen.

Werden die Ergebnisse der Wirkungsanalyse für ein Musiksponsorship mit den Erfolgswerten der übrigen Kommunikationsformen verglichen, soll dies keineswegs zur Verdrängung eines der klassischen Instrumente führen, was schon aufgrund des sekundären Charakters des Musiksponsorings nicht sinnvoll wäre, sondern dazu beitragen, eine Effizienzbestimmung hinsichtlich des Ausmaßes an Verknüpfungsmöglichkeiten vorzunehmen. Soweit die Zielvorgaben weiterer kommunikativer Maßnahmen in Teilen äquivalent zu denen des Musiksponsorings sind, kann, entsprechend dem jeweils ermittelten Effizienzgrad, das Sponsoringbudget für den Einsatz des Musiksponsorings gesteigert oder gesenkt werden. Aufgrund bestehender Optimierungsprobleme bei der Gestaltung einer Marketing-Konzeption (vgl. Nieschlag/Dichtl/Hörschgen 1991, S. 850 ff.) wird eine Kosten-Nutzen-Analyse in bezug auf Musiksponsorships letztlich zu einem experimentellen Verfahren.

9. Realisierung von Musiksponsorships

Soll dem Unternehmen mittels Musiksponsoring eine musikalische Note gegeben werden, sind zunächst in Abstimmung mit den Aspekten der Corporate bzw. Brand Identity musikalische Genres und in Frage kommende Künstler, Veranstalter, Kulturinstitutionen etc. auszuwählen. Es sind Vertragsverhandlungen zu führen und Abschlüsse vorzunehmen, wobei sowohl die Leistung des Sponsors als auch die Gegenleistung des Gesponserten zu konkretisieren sind. Zur Realisierung eines Musiksponsorship bedarf es einer exakten organisatorischen Vorbereitung und eines bis ins Detail abgestimmten Handlings. Sind Sponsoring-Maßnahmen durchgeführt, schließt sich eine Kontrolle an.

9.1. Unternehmensinterne Realisierung

Im Rahmen der internen Unternehmensorganisation ist die Anbindung der Verantwortung für ein Sponsorship zu klären. Wie bereits erwähnt, verfügen große Unternehmen teilweise über eigene Kulturabteilungen, die, nicht zuletzt aufgrund ihrer kulturellen Kompetenz, Sponsoringprojekte im Bereich Musik sowohl planen als auch durchführen, wenn auch oftmals in Kooperation mit externen Institutionen (siehe Kapitel 6.1.2.). Abgesehen von derartigen Organisationsstrukturen können die Zuständigkeiten unternehmensinterner Abteilungen und Instanzen im Kultursponsoring für das Musiksponsoring beispielhaft angeführt werden: "Im Kultursponsoring liegt die Anregungs- und Planungsfunktion vielfach bei der Abteilung Öffentlichkeitsarbeit (Fachpromotoren), während die Entscheidung selbst auf Vorstandsebene liegt (Machtpromotoren). Die Durchführung obliegt überwiegend dem Bereich Public Relations/Öffentlichkeitsarbeit" (Bruhn 1991, S. 62).

Der Einsatz von internen Mitarbeitern zur Durchführung von Musiksponsorships kann einen unterstützenden Beitrag zur Steigerung der Mitarbeitermotivation und der Identifikation mit dem Unternehmen leisten (vgl. Dahlhoff 1989, S. 32). Die Praxis zeigt jedoch, daß vielfach die internen Abteilungen nicht in der Lage sind, sämtlichen Anforderungen hinsichtlich der Durchführung und Realisierung der kommunikationspolitischen Sponsoring-Maßnahmen zu genügen (vgl. Bruhn 1989b, S. 26). Darüber hinaus besteht die Gefahr, daß die Musikwahl nach rein subjektiven Vorlieben eines verantwortlichen Mitarbeiters getroffen wird. Des weiteren haben Unternehmen in der Durchführungsphase häufig Schwierigkeiten mit dem Procedere der Vertragsgestaltung, die vor allem dann eine zentrale Rolle spielt, wenn es sich bei Sponsorships um hohe Summen handelt. Umfangreiche und bis ins Detail konzipierte Sponsoring-Verträge können durchaus bis zu 50 Seiten umfassen. Hierbei ist zudem ein hohes Maß an Sensibilität im Umgang mit Künstlern und Veranstaltern gefordert. Dies stellt eine hohe Anforderung an die Kompetenz und Persönlichkeit eines internen Sponsoring-Beauftragten.

9.2. Realisierung in Zusammenarbeit mit einer Sponsoring-Agentur

Um eine professionelle Planung, Durchführung und Kontrolle eines Sponsorship zu gewährleisten, bedienen sich Unternehmen vorzugsweise externer Spezialisten in Form von Sponsoring-Agenturen. Wird sich für die Zusammenarbeit mit einer Sponsoring-Agentur entschieden, ist eine gezielte Auswahl zu treffen, da es in Deutschland relativ wenige qualifizierte und seriöse Sponsoring-Berater gibt, die den Unternehmen und (potentiell) Gesponserten fundierte Hilfe leisten können (vgl. Bruhn 1991, S. 260, S. 411, Dahlhoff 1989, S. 31). Dies gilt insbesondere für das Musiksponsoring. Auf diesem Sektor haben sich bislang nur wenige Sponsoring-Agenturen schwerpunktmäßig Referenzen verschafft. Seriöse Agenturen und Berater, von denen eine solide und fundierte Sacharbeit zur kreativen Umsetzung, Durchführung und Überwachung aller Sponsoring-Maßnahmen zu erwartet ist, entsprechen folgendem Anforderungsprofil (vgl. Bruhn 1991, S. 410):

- Sponsoring-Experten verfügen über fundierte Kenntnisse und Erfahrungen auf den verschiedenen Gebieten des Marketing und der Kommunikation, umfassende Branchenkenntnisse, Sponsoring-Know-how und Zeit. Das sind Grundvoraussetzungen für eine professionelle Planung und Durchführung von Sponsorships.

- Sponsoring-Berater verfügen über eine große Anzahl von Kontakten zu Persönlichkeiten, Institutionen und musikbezogenen Organisationen im Kulturbereich sowie zu den Medien.

- Dem Sponsor und den/dem Gesponserten kann es durch die Zusammenarbeit mit Sponsoring-Beratern besser gelingen, die spezifischen Denkhaltungen des Gegenübers zu verstehen, um diese in den eigenen Entscheidungen zu berücksichtigen.

- Unabhängige Sponsoring-Berater können aufgrund ihrer Kenntnisse bezüglich des Sponsoring-Marktes den Beteiligten eine realistische und objektive Empfehlung zur Realisierung von Sponsorships geben.

Die von einer Sponsoring-Agentur übernommenen Tätigkeiten und Leistungen können vielfältig sein und im Rahmen von Full-Service-Paketen folgende Aufgaben umfassen:

- Strategische und konzeptionelle Beratung hinsichtlich unternehmensrelevanter Zielkomponenten und den entsprechenden kommunikativen Maßnahmen,
- Akquisition der Sponsor-Partner,
- Abwicklung der Verträge und Einkauf von Sponsoring-Rechten,
- Beratung und ggf. Entwicklung einer Veranstaltungskonzeption,
- Durchführung und Projektrealisierung der Musiksponsoring-Maßnahmen sowie kreative Gestaltung des Sponsorship,
- Sponsoring-Kontrolle.

10. Ausgewählte Fallbeispiele

Die bisherigen Kapitel haben das breite Spektrum der strategischen Einsatz- und Gestaltungsmöglichkeiten des Musiksponsorings aufgezeigt. Der strategische Ansatz und die Intensität eines Musiksponsoring-Engagements stehen letztlich in Abhängikeit von den internen Zielsetzungen, des Sponsoringbudgets und der Bedeutung des Musiksponsorings im Sponsoring-Mix. Eine wesentliche Komponente liegt den meisten Sponsoring-Aktivitäten zugrunde: Die Förderung der Musik als zielgruppenspezifische Kommunikations-Maßnahme zur Image-Pflege. Im folgenden sollen anhand unterschiedlicher Fallbeispiele verschiedene Sponsoring-Konzepte zur Umsetzung strategischer Ziele erläutert werden, wobei auch die Sicht des Gesponserten Berücksichtigung findet.

10.1. Musiksponsoring einer Unternehmerinitiative

Unternehmen wissen um die Bedeutung einer qualitativ hochwertigen kulturellen Infrastruktur, die heute eine langfristige Voraussetzung für die wirtschaftliche Entwicklung einer Region darstellt und zudem (inter-)nationaler Imagträger ist. So ist häufig die Verbesserung der sogenannten "weichen Standortfaktoren" ein wesentliches Motiv zur Förderung von Musikprojekten. Das Kulturangebot einer Stadt gilt vor allem für hochqualifizierte Arbeitskräfte als ein entscheidendes Kriterium bei der Wahl eines Arbeitsplatzes. Für einige Unternehmen - wie für die Audi AG (siehe Kapitel 10.3.2.) - ist dieser Faktor Ansatz eines individuellen standortorientierten Musiksponsoring-Konzepts. Andere Unternehmen sehen in der gemeinschaftlichen Förderung ein probates Instrument zur Verbesserung des kulturellen Klimas einer Region. Vor diesem Hintergund wurden in einigen Bundesländern von Wirtschaftsunternehmen Initiativen zur Kulturförderung gegründet. Als ein einzigartiges Beispiel für das Zusammenwirken von Einzelpersönlichkeiten der Wirtschaft und den von ihnen geleiteten Unternehmen zur Förderung einer Region gilt in Europa der Initiativkreis Ruhrgebiet.

Das Ruhrgebiet entwickelte sich im 19. Jahrhundert zum industriellen Zentrum Deutschlands. Die wirtschaftliche Entwicklung dieser Region war seitdem von einer einseitigen Wirtschaftsstruktur mit Konzentration auf wenige Großunternehmen der Montan-Industrie Kohle und Stahl geprägt. Als in den vergangenen Jahrzehnten unter dem Zustrom billiger ausländischer Kohle die Nachfrage nach einheimischer Kohle zurückging und in den siebziger Jahren die Stahlindustrie unter Druck geriet, hatte dies für das Ruhrgebiet gravierende Folgen. Seit Ausbruch der Kohlekrise im Jahre 1958 gingen zahlreiche Arbeitsplätze verloren, und der Anteil des Ruhrgebietes am bundesdeutschen Sozialprodukt sank von 12 % auf 8 %. Der Aufbau weiterer ökonomischer Standbeine war notwendige Voraussetzung für eine sichere Zukunft.

Heute ist ein umfassender und erfolgreicher Strukturwandel unverkennbar. Das Ruhrgebiet ist Verkehrs-, Dienstleistungs- und Forschungszentrum (insbesondere für Umweltforschung und -technik) und verfügt über eine hervorragende Infrastruktur, zahlreiche Hochschulen, Forschungseinrichtungen sowie Freizeit- und Erholungsstätten. Darüber hinaus verfügt das größte deutsche Ballungsgebiet über eine Vielzahl gut ausgebildeter industrieerfahrener Arbeitskräfte, von denen nur noch etwa 20 % von Kohle und Stahl abhängig sind. Zur Unterstützung und Beschleunigung dieser positiven wirtschaftlichen Entwicklung gründeten 1989 Alfred Herrhausen, Rudolf von Bennigsen-Foerder, Jürgen Gramke und der damalige Ruhrbischof Kardinal Hengsbach den Initiativkreis Ruhrgebiet.

10.1.1. Initiativkreis Ruhrgebiet

Unter dem Motto "Wir an der Ruhr gemeinsam nach vorn" sind 65 Unternehmen Mitglied dieses Initiativkreises, in dem neben den jeweiligen Führungskräften weitere Persönlichkeiten des öffentlichen Lebens persönliche Mitglieder sind. Entsprechend des jeweiligen Gesamtumsatzes zahlen folgende Unternehmen einen bestimmten Betrag in den gemeinsamen Fonds (1994):

Aldi, Allianz, Aral, ARAN, Bayer, Bertelsmann, BfG Bank, Burda, Busche, Coca-Cola, Colonia, Commerzbank, Compagnie de Suez, CUBIS, Daimler-Benz, Deichmann, Deutsche Babcock, Deutsche Bank, Deutsche Lufthansa, Dresdner Bank, Edelhoff, Erco Leuchten, Ferrostaal, Flachglas, GEA, Gelsenwasser, Haindl Papier, Harpener, HDI, Heitkamp, Hochtief, Hölter, Holzmann, Hypotheken Bank Essen, Karstadt, Klöckner, Fried. Krupp AG Hoesch-Krupp, Lentjes, Mannesmann, Metallgesellschaft, National-Bank, Onken, Opel, Pilkington, real, Ruhrgas, Ruhrkohle, RWE, RWW, Siemens-Nixdorf, Signal Versicherung, STEAG, Steilmann, Stella Musical, Stora Feldmühle, Strabag, Tengelmann, Thyssen, TÜV Rheinland, VEBA, Veltins, VEW, Westdeutsche Landesbank, Westfalenbank, Zeitungsgruppe WAZ.

Das finanzielle und ideele Engagement dieser Unternehmen soll unabhängig von öffentlichen Mitteln die (inter-)nationale Attraktivität und das Image des Ruhrgebietes als moderne Industrieregion im Herzen Europas positiv beeinflussen. Zur Forcierung des wirtschaftlichen Strukturwandels trägt unter anderem die Initiierung und Begleitung von Investitionsvorhaben bei. Darüber hinaus soll die Förderung herausragender Sport-, Kultur- und Wissenschafts-Veranstaltungen die weichen Standortfaktoren verbessern und dadurch das Interesse am Ruhrgebiet erhöhen bzw. entfachen. Eines der bedeutendsten kulturellen Projekte, die der Initiativkreis unterstützt, ist das "Klavier-Festival Ruhr".

10.1.2. Klavier-Festival Ruhr

Der Pianofortefabrikant Jan Thürmer ist Initiator der jährlich stattfindenden Veranstaltungsreihe, in der das Klavier - entweder solistisch oder als Kammermusikpartner eingesetzt - Mittelpunkt künstlerischer Darbietung ist. Unter seiner künstlerischen Leitung entwickelte sich das Festival kontinuierlich zum größten Pianistentreffen der Welt, bei dem neben international renommierten Künstlern zahlreiche Nachwuchspianisten auftreten. Die Konzertreihe startete 1984 als "Bochumer Klaviersommer" und wird seit 1989 als Klavier-Festival Ruhr fortgesetzt. Seither unterstützt der Initiativkreis Ruhrgebiet als Partner und Veranstalter die Konzertreihe und übernimmt die gesamten Kosten, die für das Klavier-Festival Ruhr '93 etwa 1,2 Millionen DM betrugen. Erlöse aus dem Verkauf der Eintrittskarten kamen den lokalen Veranstaltern zugute.

Innerhalb von zwei Monaten finden die Konzerte an 9 historischen und modernen Spielstätten flächendeckend in der Region statt, womit die musikalischen Begegnungen für die Teilnehmer zum Wegweiser durch das Ruhrgebiet werden. Die insgesamt 62 Veranstaltungen, die neben den Konzerten der klassischen Musik jeweils zwei Konzerte der zeitgenössischen Musik und dem Jazzpiano widmeten, besuchten 1993 etwa 20.000 Zuhörer. Ein herausragendes Ereignis war der Beginn einer mehrjährigen Präsentation und Kommentation sämtlicher Klavierkompositionen von Frederic Chopin in der Reihenfolge ihres Entstehens. Künstlerischer Berater für den "Chopin-Zyklus" ist Joachim Kaiser, der den Zuhörern die Entstehungsgeschichte des Gesamtwerkes von Chopin erläutert. Weitere Programmpunkte sind seit 1992 die sogenannten Meisterklassen, bei denen einige der weltbesten Pianisten junge Nachwuchskünstler auf offener Bühne unterrichten. Erstmals ergänzte 1993 eine kleine Europa-Tournee mit zwei Gastkonzerten das Klavier-Festival, um den Aufmerksamkeitsgrad für das Ruhrgebiet mit seinen Aktivitäten über die Grenzen hinaus weiter zu erhöhen. Eine erfolgsversprechende Initiative: Die Gastkonzerte in München und Paris von Xiang-Dong Kong, Sieger des international bedeutenden Sydney Wettbewerbes 1992, bzw. von Ewa Kupiec (Klavier) und Andrezj Bauer (Cello), Sieger des ARD-Wettbewerbs 1992, erhielten eine hohe Medienresonanz.

Als Partner und Veranstalter des Klavier-Festivals wird im Rahmen des kommunikativen Auftritts der Namen des Initiativkreises transferiert. Die Vorstellung der Mitglieds-Unternehmen beschränkt sich auf deren Auflistung in den Programmheften. Einige Unternehmen integrieren das Kultur-Engagement des Initiativkreises in die interne Öffentlichkeitsarbeit und berichten beispielsweise in Werkszeitschriften bzw. -zeitungen vom Klavier-Festival Ruhr.

Der Initiativkreis Ruhrgebiet steht in enger Verbindung zum Verein "pro Ruhrgebiet" (gemeinsame Geschäftsstelle), dem 250 Mittelstandsunternehmen angehören, die sich ebenfalls in gemeinsamem Interesse und Engagement für das Ruhrgebiet verpflichtet fühlen. Die Unternehmen dieses Vereins können für ein Konzert die Patenschaft übernehmen. Mit dem Kauf eines individuell zu bestimmenden Kartenkontingents und mit der Finanzierung eines Empfangs im Anschluß an ein Konzert haben sie die Gelegenheit, zusätzlich Geschäftsfreunde und den konzertierenden Künstler in einer informellen Atmosphäre zu begrüßen.

10.2. Musiksponsoring aus der Sicht von Veranstaltern

Kulturelle Aktivitäten können ein wirksames Marketinginstrument zur Verbesserung des Images einer Region sein. Die Initiative zur kooperativen Förderung eines (über-)regionalen Musikprojektes geht allerdings nur in wenigen Fällen direkt von Unternehmern bzw. Unternehmen aus.

Während die subventionierte Kultur unter den drastischen Kürzungen der Kulturetats seitens der öffentlichen Hand leidet, erfahren privat finanzierte Festivals einen regelrechten Boom. In den Sommermonaten nach Beendigung der Theater- und Konzertsaison finden in Deutschland einige hundert Festivals statt. Die hohen Besucherzahlen beweisen die große Akzeptanz der musikalischen Veranstaltungsreihen, die ihrerseits weiter expandieren. Ein Beispiel: Die Weilburger Schloßkonzerte veranstalten im Juni und Juli "Internationale Musikfestwochen in der fürstlichen Residenz". Während 1973 lediglich 5 Konzerte angeboten wurden, die 4.500 Besucher zählten, kamen 1993 25.000 Hörer zu 33 Konzerten. Andere Festspiele bieten noch einen längeren Konzert-Marathon. So umfaßte der Programmplan des "Rheingau Musik Festivals" 1994 innerhalb von 2 Monaten über 90 Konzerte an 28 Veranstaltungsorten. Unter den 79 Sponsoren fanden sich große Unternehmen wie Telenorma, Lufthansa, IBM, die Wisser-Gruppe, Banken und Sparkassen (vgl. Lewinski 1994, S. 19). Die große Festival-Konkurrenz und die zunehmende Professionalisierung des Sponsorings durch die Unternehmen bedingt auch für die Organisatoren bzw. Gesponserten die Entwicklung eines schlüssigen und überzeugenden Sponsoring-Konzeptes. Ein Beispiel für ein konsequentes Sponsoring-Konzept sind die Brandenburgischen Sommerkonzerte, deren Veranstalter 1992 vom Deutschen Kommunikationsverband BDW mit dem "Sponsoring-Preis" ausgezeichnet wurden. Die Preisvergabe begründete der BDW mit der "wohltuend einfühlsamen Einbindung von Unternehmen in die Konzertreihe" (vgl. Schol 1992).

10.2.1. Brandenburgische Sommerkonzerte

Die Brandenburgischen Sommerkonzerte zählen inzwischen zu den bedeutendsten Musikfesten in Deutschland. Aufgrund der langfristigen Ausrichtung des Festivals kommt der seit 1991 jährlich stattfindenden Veranstaltung eine erhebliche kulturpolitische Bedeutung zu. Mit seiner besonderen Ausstrahlung setzt das Musikfest länderübergreifende Akzente, die verdeutlichen, daß die neuen Bundesländer ihren alten Glanz durch Belebung und Stärkung der kulturellen Infrastruktur ebenso wie durch eine soziale und ökonomische Integration gewinnen können. Mit musikalischen Impressionen international renommierter Orchester, Dirigenten und Solisten sowie einiger Nachwuchskünstler, die sich programmatisch keineswegs einseitig an den "Brandenburgischen Konzerten" von Johann Sebastian Bach orientieren, sollen Bewohner und Besucher der Mark Brandenburg in Erinnerung an die unvergessenen Wanderungen Theodor Fontanes, die landschaftliche Schönheit und die architektonischen Schätze neu entdecken.

Die in Kirchen, Klöstern und Schlössern stattfindenden Konzerte sind Mittelpunkt eines sozialen Ereignisses, bei dem das Publikum aktiv mitwirkt. Den Besuchern werden neben den Konzerten folgende Leistungen angeboten:

- Fahrten im Sonderzug oder Sonderbus,
- gemeinsame Spaziergänge durch die Natur mit Erläuterungen zu den Besonderheiten des Landes,
- Ländliche Tafelfreuden mit Begegnungen und Gesprächen zwischen Besuchern und Bewohnern der Mark Brandenburg,
- Führungen durch Baudenkmäler.

Die Beiprogramme sprechen wie die Konzerte ein breites Spektrum der Bevölkerung an. Alle bisherigen Veranstaltungen waren ausverkauft - 1993 besuchten etwa 15.000 Musikliebhaber die 19 Konzerte.

Ein wesentlicher Grundsatz des Veranstaltungskonzepts ist der Verzicht auf öffentliche Mittel. Die Gesamtkosten des anspruchsvollen Musikfestes, das ehrenamtlich vom Verein Brandenburgische Sommerkonzerte e.V. organisiert wird, werden zu

- 30 % durch den Verkauf von Eintrittskarten und zu
- 70 % durch Sponsorengelder gedeckt.

Neben den notwendigen monetären Zuwendungen stellen einige Sponsoren Sachleistungen wie Speisen und Getränke zur Verfügung. Der größte Teil der hieraus resultierenden Verkaufserlöse kommt ebenso wie die Einnahmen aus einem Benefiz-Konzert und die am Ende einer Konzertreihe erwirtschafteten Überschüsse gezielt dem Erhalt und der Pflege von Baudenkmälern in der Mark Brandenburg zugute. 1993 konnten für diesen Zweck 60.000 DM gestellt werden. Mehr als 40 Unternehmen dokumentierten 1993 mit ihrer Unterstützung als Haupt- oder Co-Sponsoren das starke Interesse der Wirtschaft an der kulturellen Entwicklung des Landes Brandenburg.

10.2.1.1. Hauptsponsoren

Die Veranstalter sind bestrebt, Sponsoren längerfristig an die Sommerkonzerte zu binden, um die Planung für weitere Jahre realisieren zu können. International renommierte Künstler sind bis zu 3 Jahre vor ihrem Auftritt zu engagieren. So sind die Hauptsponsoren - 1993 waren dies Audi (siehe auch Kapitel 10.3.2.4.), Berliner Kindl Brauerei, Deutsche Bank, Deutsche Handelsbank und Deutsche Interhotel Gruppe - größtenteils langfristige Partner des Musikfestes.

Die Hauptsponsoren werden auf allen wesentlichen Werbemitteln wie
- Programmzetteln,
- Veranstaltungsplakaten,
- Anzeigen und
- Verkaufsförderungsmitteln

aufgeführt und auf einer Ehrentafel gesondert hervorgehoben. Darüber hinaus genießen sie bei den regelmäßigen Sponsorenkonferenzen hinsichtlich organisatorischer Fragen ein Mitspracherecht und erhalten eine kostenlose Insertionsseite im "Almanach". In dem auf chlorfrei gebleichtem Papier gedruckten Programmbuch zeigen die künstlerisch ansprechenden Werbebotschaften der Hauptsponsoren bildhaft die versteckten Schönheiten der Mark.

Den Hauptsponsoren steht zudem ein gewisses Freikarten-Kontingent zu, das bei Übernahme einer Patenschaft für ein Patronatskonzert erhöht wird. Weiterhin können Hauptsponsoren im Rahmen aller Konzerte Promotion-Maßnahmen durchführen, die sich in den Charakter der jeweiligen Veranstaltung auf dezente Weise einfügen müssen. Weiterhin bieten die Veranstalter ihre Hilfe bei der Organisation von VIP-Programmen an und sorgen auf Wunsch für einen branchenspezifischen Konkurrenzausschluß.

10.2.1.2. (Co-)Sponsoren und Förderer

Neben den Hauptsponsoren unterstützen die Sommerkonzerte mit wesentlich geringeren Mitteln zahlreiche (Co-)Sponsoren und Förderer, die ebnfalls auf einer Ehrentafel erwähnt werden. Darüber hinaus erhalten sie das Anrecht auf ein gewisses Kartenkontingent pro Konzert und die Möglichkeit, entgeltlich im "Almanach" zu inserieren. Die Veranstalter legen auch in Kooperation mit diesen Unternehmen Wert auf die Zusage einer längerfristigen Partnerschaft.

10.2.1.3. Patronate und Sonderkonzerte

Haupt- sowie (Co-)Sponsoren und Förderer können ihr Musik-Engagement im Rahmen der Brandenburgischen Sommerkonzerte gezielt erweitern, indem sie für ein Konzert die Veranstaltungskosten übernehmen bzw. entstehende Defizite ausgleichen, wofür das jeweilige Unternehmen in den Titel eines Konzertes integriert wird. Anläßlich der 1000-Jahr-Feier Potsdams trug das erste Brandenburgische Sommerkonzert 1993 beispielsweise den Titel: "Brandenburgisches Sommerkonzert mit dem Kammerorchester Virtuosi Saxoniae, geleitet von Ludwig Güttler, in der Heilig-Geist-Kirche Werder unter dem Patronat der Deutschen Bank". Die Plazierung der entsprechenden Anzeige im Programmalmanach erfolgte in unmittelbarer Nähe zur Ankündigung und den Erläuterungen zum präsentierten Konzert. Im Rahmen eines Patronats erhalten die Sponsoren zudem die Möglichkeit, individuell konzipierte Promotion-Aktivitäten durchzuführen. Die Deutsche Bank ging beispielsweise mit ihren wichtigen Kunden "auf Landpartie".

Über die sich auf das offizielle Festprogramm beziehenden Sponsoring-Möglichkeiten und -Maßnahmen hinaus bieten die Veranstalter allen Sponsoren die zusätzliche Ansetzung und Ausrichtung von Sonderkonzerten an. Der Exklusiv-Sponsor kommt in diesem Fall für die gesamten Kosten auf (Künstlerhonorare, Reisekosten, Miete, Organisation etc.).

10.2.2. Problem der starken Festival-Konkurrenz

Ein Engagement bei Musikfestivals ist für deutsche Unternehmen in den letzten Jahren zunehmend attraktiver geworden. Die überwiegende Zahl dieser Veranstaltungsreihen findet regelmäßig statt, die meisten in einem jährlichen Turnus. Nur wenige Festivals werden in längeren Zeitabschnitten (2 oder 3 Jahre) aufgeführt. Die Dauer der Festivals reicht von wenigen Tagen über Wochen bis hin zu Veranstaltungsreihen, die sich über mehrere Monate erstrecken. Allerdings beschränkt sich die Festival-Saison im wesentlichen auf die Sommermonate. In dieser relativ kurzen Zeit konkurrieren die zahlreichen Veranstaltungsreihen mit ihren Sponsoren um die Gunst der Kultur- und Musikinteressierten. Da sich mit derartigen Musiksponsoring-Engagements kaum kurzfristige Effekte erzielen lassen, werden Sponsoren erst nach mehreren Jahren ihren Nutzen ziehen. Hierbei gilt es zu berücksichtigen, daß eine alleinige Herausstellung eines Sponsors bei Festivals kaum denkbar ist.

10.2.3. Musik Kreativ

Im Rahmen der Sponsoring-Strategie sollte für einen längeren Zeitraum eine bewußte und verbindliche schwerpunktmäßige Festlegung der Sponsoringaktivitäten vorgenommen werden. Die Planung und Durchführung von Musiksponsorships erfordert Spezialwissen, Erfahrung und Know-how. Können die Einzelmaßnahmen nicht intern durch eigene Mitarbeiter abgedeckt werden, bedienen sich Unternehmen Spezialisten (vgl. Kapitel 9.2.). Einige Sponsoring-Agenturen agieren als "Ideen-Fabrik" und initiieren eigene Musikprojekte, deren Sponsoring-Konzept die Vorstellungen des Sponsors berücksichtigt ohne die künstlerische Gestaltungsfreiheit zu beeinträchtigen. So hatte die Agentur Kienow & Partner, deren Agenturphilosophie die Verknüpfung von "Marketing und kulturellen Zeitströmungen durch neue Ideen und kommunikative Konzepte" ist, die Idee, mit Musik Kreativ eine Initiative ins Leben zu rufen, die zur Entwicklung, Förderung und Stärkung der Musikkultur, zur Bündelung und Vertretung vielfältiger Interessen der Musikschaffenden sowie zur Etablierung der kreativen Musikszene beiträgt.

Die Initiative Musik Kreativ ist ein bundesweites Forum, das abseits traditioneller Musikformen, musikalische Innovationen in Ausbildung und Praxis anregt, entdeckt und fördert. Alle schöpferischen Musiker - Amateure und Profis gleichermaßen - werden in ihre Bemühungen einbezogen. Aufgrund der offenen Ausschreibung gilt Musik Kreativ in der Bundesrepublik als bisher beispielloses Projekt. Unabhängig von Gattungen, Stilen und Besetzungen werden Künstler aufgespürt, die mit außergewöhnlichen Kompositionen, Aufführungen und Interpretationen ihre künstlerischen Phantasien musikalisch ausdrücken. Größtenteils werden die Darbietungen in Kombination aus Bewegung, Sprache, Licht, Computern oder Video zur musikalischen Performance.

Die 1990 ins Leben gerufene Initiative hat sich in ihrer kurzen Vergangenheit in der deutschen Musiklandschaft gut etabliert. Sie verschafft experimentellen Künstlern die Möglichkeit, sich einer breiten Öffentlichkeit zu präsentieren und somit einen Schritt weiter aus dem Schatten "leicht verdaulicher" Musik herauszutreten. Die langfristig ausgerichtete Konzeption von Musik Kreativ basiert auf einem dualistischen Prinzip, das die Basis schafft, musikalische Innovationen in ihrer qualitativen Vielfalt als integrativen Bestandteil unserer Kultur in der Gesellschaft zu positionieren und derart Impulse für Gegenwart und Zukunft zu geben. Im Zwei-Jahres-Rhythmus wechselt sich ein Wettbewerb mit einem Förderprogramm ab. Sowohl 1990 als auch 1992 verzeichnete der Wettbewerb eine hohe Teilnehmerquote von jeweils etwa 4.000 Beiträgen, die eindrucksvoll die Akzeptanz und den Bedarf dieser Initiative in der deutschen Kunstszene dokumentierten. Der Auftakt von Musik Kreativ mit dem ersten Wettbewerb inspirierte 10.000 Künstler, Songwriter, Tänzer oder Performer in der Bundesrepublik und der ehemaligen DDR.

Die von einer Jury ausgewählten Preisträger erhalten je nach Wertung den in Gold, Silber und Bronze gestalteten und entsprechend gestaffelt dotierten "Amadeus" und die Gelegenheit zur Live-Präsentation im Rahmen einer Finalveranstaltung. Mit dem "Goldenen Amadeus" wurden bisher folgende Interpreten ausgezeichnet:

1991 (in Saarbrücken): Berliner Orchester "Vielharmoniker" (Gruppenpreis),
Paulo Sérgio Guimaraes Alvares (Einzelpreis).

1993 (in Frankfurt): Holzbläserduo Steffen Schorn und Claudio Puntin (Gruppenpreis),
Erwin Stache (Einzelpreis).

An der Final-Veranstaltung in der Frankfurter Kunst- und Ausstellungshalle Schirn nahmen 1993 mehr als 100 Künstler aktiv teil und präsentierten sich einem größeren Publikum. In dem auf den Wettbewerb folgenden Jahr fördert die Initiative jeweils Musiker mit einem umfangreichen Programm, das neben der Vermittlung preisgekrönter Teilnehmer unter anderem die Fortbildung und den Gedankenaustausch zwischen Künstlern in Seminaren und Workshops einbindet. Zudem soll dazu beigetragen werden, einigen hoffnungsvollen Talenten einen "Quereinstieg" in die Kulturförderung der öffentlichen Hand zu eröffnen.

10.2.3.1. Agentur: Kienow & Partner

Die Gesamtkampagne ebenso wie Titel und Signet wurden von der Frankfurter Agentur entwickelt und für den Sponsor, die Vereinten Versicherungen, gesondert konzeptionell aufbereitet. Im Rahmen der bundesweiten Aktivitäten ist das Logo "Musik Kreativ" mit dem entsprechenden Schriftzug bei Veranstaltungen und Aktionen präsent und wird gemeinsam mit dem Signet des Trägers, dem Verband deutscher Musikschulen, und Sponsors - ebenso wie auf allen offiziellen Werbe- und Informationsmitteln - transportiert. Kienow & Partner übernimmt neben der Organisation und Realisation des Projektes die Kommunikationsarbeit. Die umfassenden Tätigkeiten beziehen sich sowohl auf den Wettbewerb und als auch auf das Förderprogramm:

Wettbewerb Musik Kreativ

- Öffentlichkeitsarbeit,
- Herausgabe der Zeitung Musik Kreativ,
- Ausschreibung der Teilnahmebedingungen,
- Begleitung der Jury unter Vorsitz des Präsidenten des Deutschen Musikrates Prof. Müller-Heuser,
- Organisation und Realisation der Finalveranstaltung.

Förderprogramm Musik Kreativ

- Laufende Künstlerbetreuung und -beratung,
- Künstlervermittlung,
- Künstlerseminare,
- Messestand bei der Musikmesse Frankfurt,
- Beratung von Musik Kreativ-Interessierten (Service-Telefon),
- Gezielte Medienarbeit.

Die Agentur betreut Künstler bei geplanten Produktionen, sie vermittelt Tonstudios und stellt Kontakte zu Tonträgerfirmen her, berät Künstler in juristischen Fragen, hilft bei Tourneeplanungen und gibt Hinweise für Fort- und Weiterbildungsmöglichkeiten. Unter der Schirmherrschaft von Musik Kreativ vermittelt sie Konzert- und Performance-Auftritte der preisgekrönten Künstler. Im Anschluß an den ersten Wettbewerb wurde eigens ein Künstlerverzeichnis aufgelegt, das die preisgekrönten Solisten und Ensembles detailliert porträtiert. Die Fortschreibung und ständige Aktualisierung des Künstlerverzeichnisses schafft die Basis für eine effiziente Kooperation mit Veranstaltern, Kulturämtern und weiteren musikbezogenen Institutionen. In Zusammenarbeit mit führenden Musikakademien in Deutschland werden Künstlerseminare und Workshops zur Fort- und Weiterbildung organisiert, bei denen Künstler im kommunikativen Austausch neue Impulse für ihre Arbeit gewinnen können. Seit 1992 nimmt Musik Kreativ zudem an der weltweit größten Musikmesse mit einem phantasievollen Messestand teil, an dem unter anderem aktuelle Preisträger präsentiert werden.

10.2.3.2. Träger: VdM Verband deutscher Musikschulen e.V.

Die Trägerschaft von Musik Kreativ hat der VdM, Verband deutscher Musikschulen e. V., übernommen, in dem die etwa 1.000 Deutschen Musikschulen organisiert sind. In den Musikschulen werden Kinder, Jugendliche und Erwachsene zum eigenen Musizieren angeregt und gefördert. Als Initiatoren und Promotoren neuer Ideen und künstlerischer Kreativität tragen sie zur Persönlichkeitsprägung junger Leute bei. Der VdM als Dachorganisation der Deutschen Musikschulen ist somit ein kompetenter Träger, der die Verantwortung für die künstlerische und pädagogische Strukturierung des Projektes übernommen hat.

Auf Landesebene erhalten die jeweiligen Verbände der Musikschulen von den zuständigen Kultusministerien Unterstützung, während die Kompetenzen auf Bundesebene dem Bundesministerium für Jugend, Familie, Frauen und Gesundheit obliegt. Einem neu ins Leben gerufenen Projekt wie Musik Kreativ, das außerhalb des regulären Musikschulbetriebs seine kulturellen Akzente setzt, standen zunächst einmal keine öffentlichen Mittel zur Verfügung. Um die Existenzfähigkeit der Initiative in ihrer Kontinuität und Fortschreibung als eine bedeutende kulturelle Institution zu sichern, war folglich die Kooperation mit einem Unternehmen als Sponsor notwendige Voraussetzung.

10.2.3.3. Sponsor: Vereinte Versicherungen

Die Vereinten Versicherungen sind Sponsor von Musik Kreativ und sichern somit die langfristige Existenz dieses kulturellen Projektes. Unter dem Motto "Förderung als Forderung" verstehen die Vereinten Versicherungen ihr Musik-Engagement "als Chance zum Dialog zwischen Kultur und Wirtschaft" und der Demonstration von sozialer und gesellschaftlicher Verantwortung. Christoph Dorschel, Vorstandsvorsitzender der Vereinten Versicherungen, stellt die Sponsoring-Intention der Münchener Unternehmensgruppe wie folgt dar: "Kunst und Kultur erlangen zunehmend Bedeutung für unsere Lebensgestaltung und Sinnfindung. Der öffentlichen Hand stehen jedoch nur begrenzte Mittel zur Verfügung. Mit der steigenden Nachfrage nach kulturellen Angeboten wächst somit auch die gesellschaftliche Verpflichtung, kulturelle Leistung zu unterstützen und der Öffentlichkeit zugänglich zu machen.... Mit der Förderung kultureller Leistungen möchten wir Orientierungspunkte und Maßstäbe in der Kulturlandschaft und darüber hinaus in der Gesellschaft setzen."

Die Vereinten Versicherungen finanzieren die zahlreichen Aktivitäten von Musik Kreativ. Kienow & Partner sorgt bei der kommunikativen Umsetzung (siehe Kapitel 10.2.3.1.) für den effizienten Einsatz der vom Sponsor zur Verfügung gestellten Mittel unter Berücksichtigung des vom Träger definierten Rahmens. Aufgrund der flächendeckenden Aktivitäten der Deutschen Musikschulen kommt diesem Sponsorship eine hohe Reichweite zu.

10.3. Musiksponsoring einzelner Unternehmen

Vor allem kleinere und mittelständische Unternehmen agieren kommunikationspolitisch häufig schwerpunktmäßig auf lokaler bzw. regionaler Ebene. Bei der Erstellung spezifischer Sponsoring-Strategien werden diese Unternehmen daher Musikprojekte im unmittelbaren Unternehmensumfeld auswählen. Alternativ zur Förderung von extern organisierten Projekten können Unternehmen selbst Veranstaltungen oder Wettbewerbe planen und durchführen (vgl. Kapitel 6.1.2., 6.4.). Als Beispiel für ein selbstinitiiertes focussiertes Musiksponsoring soll das Engagement der Stadtsparkasse Köln exemplarisch vorgestellt werden.

10.3.1. Musiksponsoring bei der Stadtsparkasse Köln

Die Stadtsparkasse Köln - 1826 gegründet - ist mit 3.600 Mitarbeitern und täglich etwa 100.000 Kundenkontakten wichtiger wirtschaftlicher Bestandteil Kölns. Mit einer Vertriebsstruktur von 5 Beratungscentern für Firmenkunden sowie 13 Beratungscentern für Privatkunden und einer Bilanzsumme von 21,8 Milliarden DM (1993) zählt sie zu den bedeutendsten Sparkassen in Deutschland.

Traditionell engagiert sich die Stadtsparkasse Köln nicht nur in Geld- und Finanzfragen, sondern setzt sich gleichfalls für das kulturelle und gesellschaftliche Leben der Medien- und Kulturstadt ein. Köln verfügt über Opern- und Schauspielhaus, zahlreiche Privatbühnen, die älteste ortsgebundene deutschsprachige Puppenbühne sowie bedeutende Kunst- und kulturgeschichtliche Museen. Im Schatten des Doms herrscht zudem ein äußerst musikfreundliches Klima. Seit 1986 verfügt Köln mit der Philharmonie über einen großen Konzertsaal, in dem international renommierte Orchester konzertieren. In der Spielzeit 1992/93 zählte die Philharmonie 630.000 Besucher. Kunden der Stadtsparkasse Köln können über die Eurocard-Gold Sonderkontingente an Eintrittskarten für die Philharmonie und andere kulturelle Veranstaltungen buchen. Den Schwerpunkt des Musiksponsoring-Engagements setzt die Stadtsparkasse auf die Nachwuchsförderung. Gesponsert werden die bundesweite Initiative "Jugend musiziert" und der eigeninitiierte Wettbewerb "Rock de Cologne".

Von vielen wird Köln als die heimliche Hauptstadt der Rockmusik bezeichnet. Seit 1989 beschäftigt die Stadt mit einer Verwaltungskraft und einem Rockbeauftragten ein Rockreferat, das ein großes Kultur-Rock-Programm fördert. Im Vergleich zu anderen deutschen Großstädten verfügt Köln heute über ein überdurchschnittliches Angebot an Clubs und Hallen, in denen Musiker unterschiedlichster Genres auftreten. Gruppen wie BAP, Bläck Fööss, Brings, L.S.E., The Piano Has Been Drinking oder Zeltinger prägen die Kölner Musikszene ebenso wie Tina Turner, Herbert Grönemeyer, Wolf Maahn, Julian Dawson oder Ina Deter, die es als Wahlkölner in die rheinische Metropole gezogen hat. Die regionale und nationale Bedeutung der Rockmusik "made in Cologne" ist häufig different. Wer in Köln Tausende zu seinen Konzerten lockt, tritt unter Umständen anderswo nur vor einigen Hundert auf. Peter Brings charakterisierte 1992 diese Situation für die Rockgruppe Brings: Die Band spielte in Hamburg nur vor knapp 100 Personen, während "in Köln 4.000 zu unseren Konzerten kommen" (zitiert nach Sgonina 1992, S. 14).

10.3.1.1. Musikwettbewerb Rock de Cologne

In der Underground-Szene spielen zwischen 300 und 500 Bands, die in der Kölner Kulturlandschaft - wenn auch im Kleinen - innovative und vielversprechende Akzente setzen. Die in den "Garagen der Großstadt" entstehende Musik, deren Spektrum vielfältige Stile einbindet, entzieht sich im allgemeinen einer größeren Hörerschaft. Für die künstlerische Entfaltung des Rockmusik-Nachwuchses waren die Möglichkeiten in Köln nicht immer rosig. Einer Studie des 'Stern' zufolge galt Köln in den achtziger Jahren als die Großstadt mit den schlechtesten Übungs- und Auftrittsmöglichkeiten in der Bundesrepublik. Vor diesem Hintergrund plante die Stadtsparkasse Köln 1986 den Wettbewerb Rock de Cologne. Junge Kölner Nachwuchsbands sollten die Möglichkeit erhalten, sich einer breiteren Öffentlichkeit zu präsentieren, entdeckt und gefördert zu werden.

Der im Zwei-Jahres-Turnus organisierte Nachwuchswettbewerb für Kölner Amateur-Rock-Gruppen wurde 1987 ins Leben gerufen und feierte 1988 die ersten Sieger. In den Anfangsjahren galt die Ausschreibung des Rock de Cologne als revolutionär und belebte seither die Rockmusik-Landschaft der Millionenstadt. Inzwischen haben das städtische Rockreferat und einige der zahlreichen Clubs weitere Kölner Nachwuchswettbewerbe ins Leben gerufen. Auch wenn dem von der Stadtsparkasse Köln initiierten Wettbewerb heute nicht mehr eine Ausnahmestellung in Köln zukommt: Rock de Cologne hat sich als Marke in der Kölner Szene gut etabliert.

10.3.1.1.1. Planungsphase und Anfangskommunikation

Von der Planungs- über die Ausschreibungsphase, der Siegerauswahl und der Tonträger-Produktion bis hin zum Auftritt der Gewinner auf einer Kölner Bühne vergehen 1,5 Jahre. In der Planungsphase wird im wesentlichen die allgemeine Konzeptionierung sowie die Wettbewerbsmodalität festgelegt und der Rockmusik-Nachwuchs entsprechend informiert. Im Rahmen der urheberrechtlichen Regelungen sichert sich die Stadtsparkasse Köln ausschließlich die Rechte für die Tonträger-Produktion mit den Siegertiteln sowie für ein eventuell einmal erscheinendes Album "Best of Rock de Cologne". Die Rechte am Siegertitel und an weiteren während des Festivals live dargebotenen Songs behalten die teilnehmenden Künstler.

Teilnahmeberechtigt sind alle Kölner "Rock-Blues-Rap-Funk-Hip Hop-Heavy Metal-Rave-Wave-New Age-Soul-Reggae-Pop-oder was es sonst noch gibt-Bands", deren Mitglieder
- ihren Wohnort mehrheitlich in Köln haben,
- Amateure sind,
- nicht professionell gemanagt werden,
- im Durchschnitt nicht älter als 25 Jahre sind,
- in der Lage sind, ihre Musik live vor einem Publikum zu präsentieren.

Die Teilnehmer können Demo-Kassetten mit bis zu drei selbst komponierten Musikstücken an die Stadtsparkasse Köln senden. Ausgewählt werden 10 Gewinner, für die als Preise ausgeschrieben sind:
- Aufnahme des Siegertitels unter Profi-Bedingungen,
- Veröffentlichung des Siegertitels auf dem CD-Sampler "Rock de Cologne",
- Live-Auftritt auf einer Kölner Rock-Bühne.

10.3.1.1.2. Auswahlverfahren

Durchschnittlich 100 Bands mit etwa 300 Musikstücken nahmen an den bisherigen Rock de Cologne-Wettbewerben teil. Alle an die PR-Abteilung gesendeten Demo-Tapes werden, ungeachtet ihrer künstlerischen Qualität, auf neutrale Bänder überspielt. Vom Bewertungsverfahren sind Mitarbeiter der Stadtsparkasse Köln ausgeschlossen. Eine objektive Auswahl der Siegertitel trifft eine unabhängige Jury, die sich bei den bisherigen Wettbewerben jeweils aus mindestens fünf Mitgliedern zusammensetzte und im wesentlichen in folgende Gruppen differenziert werden kann:

- Plattenproduzenten,
- Profimusiker,
- Journalisten aus der Musikbranche,
- musikinteressierte Jugendliche.

Die jeweiligen Musikexperten wurden gezielt ausgewählt, die musikinteressierten Jugendlichen über Kölner Medien ermittelt.

10.3.1.1.3. Tonträger-Produktion

Für die Akzeptanz eines derartigen Wettbewerbs ist es von wesentlicher Bedeutung mit einem Tonstudio zu kooperieren, das entsprechend der gewählten Musikrichtung Kompetenz vermittelt und eine professionelle Betreuung garantiert. Dies haben die langjährigen Erfahrungen der Stadtsparkasse Köln gezeigt. Die erfolgreichen Bands nehmen die Siegertitel in einem in der Rockmusik-Szene anerkannten Profi-Tonstudio auf. Die Musiker erhalten zudem praxisbezogene Informationen über das Musikbusiness und einen qualifizierten Überblick über vertragsrechtliche Regelungen der GEMA und GVL. Auf den Plattenhüllen bzw. CD-Booklets können sich die Bands entsprechend ihren Wünschen und Vorstellungen in Text und Bild vorstellen. Der Rock de Cologne-Sampler - in den Anfängen als Schallplatte, heute als Schallplatte und CD - erschien jeweils in einer Auflage von 3.000 Stück und war 1992/93 an allen Stadtsparkassen-Filialen zu einem Preis von 10 DM erhältlich.

10.3.1.1.4. Rock de Cologne-Festival

Höhepunkt des Wettbewerbs ist das Rock de Cologne-Festival, das 1992 an 3 Tagen im Live Music Hall stattfand, einem renommierten Kölner Live-Club. Während dieses Events stellen die Gewinner ihr Repertoire live auf der Bühne vor. Die Stadtsparkasse Köln übernimmt die Festival-Organisation und -Vermarktung. Darüber hinaus unterstützt sie die Promotion der teilnehmenden Bands. Zu den wesentlichen kommunikativen Maßnahmen zählten im Rahmen der vergangenen Wettbewerbe:

Werbung

- Veranstaltungsplakate,
- Großflächen-Werbetafeln,
- Anzeigen in Kölner Stadtmagazinen, Schülerzeitungen, lokalen Tageszeitungen etc. (siehe Abbildung 12),

WIR FÖRDERN ROCK

Zum Beispiel mit dem Musik-Wettbewerb
"Rock de Cologne". Hier zeigen Kölner Amateur-Rock-Gruppen
ihr Talent. Hier hören junge Kölner, was ihre Stadt
zum Thema Rock zu bieten hat.

S⟨ STADTSPARKASSE KÖLN

Abbildung 12: Stadtsparkasse Köln: "Wir fördern Rock"

- Radiospots im Lokalfunk,
- Verteilung von Handzetteln (in den Schalterhallen der Filialen),
- Geschäftsstellendekorationen.

Öffentlichkeitsarbeit

- Pressemitteilungen,
- Einrichtung einer Wettbewerb-Hot-Line.

Im direkten Umfeld der Konzerte warb die Stadtsparkasse Köln ausschließlich für den Wettbewerb und nicht für das eigene Unternehmen.

10.3.1.2. Musikwettbewerb "Jugend musiziert"

Neben dem Wettbewerb "Rock de Cologne" unterstützt die Stadtsparkasse Köln im Rahmen des Sparkassen-Verbandes den jährlich stattfindenen Bundesjugendwettbewerb "Jugend musiziert", dessen Abschlußkonzert alle drei Jahre in Köln stattfindet. Anläßlich des Regionalwettbewerbs schreibt die Stadtsparkasse jährlich einen Sonderpreis aus, der zweckgebunden zur weiteren musikalischen Förderung vorgesehen ist. Darüber hinaus unterstützt sie jährlich den Landeswettbewerb. In den Jahren, in denen das Abschlußkonzert in Köln stattfindet, wird die Förderung verstärkt.

10.3.2. Musiksponsoring bei der Audi AG

In vielen Unternehmen hat die Kultur- bzw. Musikförderung eine historisch gewachsene Tradition. Verfügt ein Unternehmen über eine stark ausgeprägte Corporate Culture, dann kann diese die Basis eines Musiksponsoring-Engagements sein (vgl. Kapitel 4.1.). "Ausprägungen einer starken Unternehmenskultur sind beispielsweise eine konsequente Technologieorientierung, eine innovative und qualitativ hochwertige Produktpolitik, ein kooperativer Führungsstil, die Förderung des Nachwuchses und vieles mehr" (Bruhn 1989, S. 241). Ein wesentliches Ziel des Musiksponsorings kann die Dokumentation solcher und ähnlicher Merkmale sein. Beispiele für Musiksponsoring als Ausdruck der Unternehmenskultur sind die Engagements von Bayer (vgl. Kapitel 4.1.1.) und von Philip Morris, dessen Leitspruch lautet: "It takes art to make a company great" (vgl. Hermanns/Püttmann 1989b, S. 266 ff.). Auch die Aktivitäten der Audi AG stehen für ein unternehmenskulturell begründetes Musiksponsoring.

Der Patron und Namensgeber von Audi ist Dr. August Horch, der 1899 die Firma Horch in Köln-Ehrenfeld gründete, ehe er 1902 mit seinem Unternehmen nach Reichenbach im sächsischen Vogtland und 1904 nach Zwickau umsiedelte. Als Vater des sächsischen Automobilbaus schied er 1909 aus der Horch Company aus, um ein neues Unternehmen mit dem Namen Audi zu gründen - in Anlehnung an die lateinische Übersetzung seines Familiennamens. Im Jahre 1932 schlossen sich dann die Marken Audi (seit 1910), Horch (seit 1899), DKW (seit 1916) und Wanderer (seit 1885) zur Auto Union zusammen. Grund für die Fusion war die akute Finanzkrise im damaligen Deutschland und der drohende Bankrott der einzelnen Firmen. Unter dem Motto "Einigkeit macht stark" wählte die Auto Union das Vier-Ringe-Zeichen zu ihrem charakteristischen Firmenemblem, bei dem jeder Ring eine Marke symbolisierte. Mit Beendigung des zweiten Weltkrieges wurde im westlichen Deutschland Ingolstadt zum neuen Standort der sächsischen Auto Union-Gruppe. Ende 1964 ging das Eigentum der Auto Union an die Volkswagen AG in Wolfsburg über. Im Jahre 1969 fusionierte NSU (seit 1873) mit der Auto Union Gruppe zur Audi NSU Auto Union AG. Seit 1985 existiert die heutige Audi AG mit ihrem Hauptsitz Ingolstadt und ihrer zweiten Produktionsstätte in Neckarsulm. In technologischer Hinsicht zeigte sich das Unternehmen in seiner Geschichte mit Pionierleistungen häufig als innovativer Vorreiter automobiler Fahrkultur. Als Beispiele seien erwähnt: Die anfänglichen Bemühungen von August Horch bei der Herkomer-Fahrt, das Erscheinen des DKW als das erste deutsche Serienauto mit Frontantrieb, das neuzeitliche quattro-Konzept und die 1994 eingeführte Aluminium-Karosserie Audi Space Frame. Für Audi war und ist es immer ein "Vorsprung durch Technik". Dank ihrer herausragenden automobilen Technik gehört die Audi AG in Deutschland heute zu den erfolgreichsten Unternehmen mit internationaler Ausrichtung. Umfassende Marketing-Strategien schaffen die Rahmenbedingungen, um Audi in einem Umfeld zu präsentieren, das dem Unternehmen mit seinen Produkten und ihrer Qualität entspricht. Zur Schaffung des abgerundeten und widerspruchsfreien Unternehmens- und Markenbildes von Audi trägt in erheblichem Maße das kulturelle Engagement bei. Den Schwerpunkt der Kulturförderung setzt die Audi AG seit vielen Jahren im Bereich Musik.

10.3.2.1. Musiksponsoring als Bestandteil der Unternehmenskultur

Das direkte Umfeld eines Unternehmens samt seiner Belegschaft trägt entscheidend zur Prägung eines unternehmensindividuellen Charakters bei. In den Audi-Werken in Ingolstadt und Neckarsulm arbeiten zusammen etwa 33.000 Mitarbeiter. Das Engagement von Audi ist daher nicht nur auf die Produktion guter Automobile und die damit verbundene Arbeitszeit seiner Mitarbeiter beschränkt.

Vielmehr ist Audi bestrebt, seinen Mitarbeitern mehr zu bieten, als nur einen sicheren Arbeitsplatz. Im Sinne einer ganzheitlichen Betrachtungsweise ist für Audi Musikförderung Ausdruck des unternehmenskulturellen Selbstverständnisses. Kreativität, Kommunikation und menschliche Nähe sind Faktoren, die den hohen Freizeitwert der aktiven Musikausübung in der Gruppe dokumentieren. In diesem Zusammenhang ist das werkseigene Orchester der Audi AG eine wichtige Institution, in der musikbegeisterte Mitarbeiter Musikprogramme in anspruchsvoller und bunter Mischung einüben: Opern-Ouvertüren, Broadway-Melodien, Walzer oder konzertante Blasmusik verschiedener Spielarten.

Bei Audi ist Innovation Unternehmensphilosophie, wozu die Mitarbeiter mit ihrer Kreativität entscheidend beitragen. Die schöpferische Quelle für Technik und Wissenschaft ist, wie für die Künste, die Kreativität. In diesem Merkmal verbinden sich die vermeintlich polarisierenden Kräfte, die unsere Kultur prägen. Entsprechend der hohen Produktqualität und internationalen Ausrichtung am Markt engagiert sich das Unternehmen bei musikalischen Projekten, von denen eine überregionale oder internationale Ausstrahlung ausgeht. Neben der Förderung junger Musiker und Komponisten soll durch eigenes Engagement zusätzliche Kultur ermöglicht bzw. bestehende Kulturereignisse ausgeweitet werden, um derart zur Belebung der kulturellen Vielfalt beizutragen. Hierbei wird darauf geachtet, daß Audi nicht lediglich eine "Lückenbüßerfunktion" für Einsparungen der Kommunen oder Länder übernimmt. Karl-Heinz Rumpf, Leiter der PR-Abteilung, beschreibt die Schwerpunkte des weitreichenden und bedeutsamen Sponsoring-Konzepts bei Audi wie folgt: "Wir wollen einerseits neue Ideen, Inhalte und Darstellungsformen fördern und in neuen Größenordnungen darbieten, andererseits durch Einrichtungen - wie die Orchesterakademie - junge Nachwuchsmusiker weiterbilden und nicht zuletzt durch Kompositionsaufträge das Entstehen 'Neuer Musik' ermöglichen und in einem publikumswirksamen Rahmen präsentieren" (zitiert nach Zettel 1993, S. 46).

10.3.2.2. Standortorientiertes Musiksponsoring

Einen Beitrag zur Steigerung der eigenen Standortqualität leistet Audi mit der Unterstützung von Musik-Ereignissen im unmittelbaren Umfeld seiner Produktionsstätten in Ingolstadt und Neckarsulm. Hierzu zählen Veranstaltungen des Kulturreferats der Stadt Ingolstadt wie die Ingolstädter Orgeltage oder die Ingolstädter Jazztage ebenso wie der alljährliche Konzertzyklus des seit 1990 in Ingolstadt ansässigen Georgischen Kammerorchesters sowie das jährlich stattfindende Gaffenberg Festival, das vom Heilbronner Kulturtage e.V. veranstaltet wird.

Wieviel Kreativität braucht ein Unternehmen im nächsten Jahrtausend?

Lord Yehudi Menuhin bei der Arbeit mit der BR Orchesterakademie Ingolstadt, die seit 1990 vom Audi Kulturfonds gefördert wird.

Nicht nur die Kunst, auch Wissenschaft und Technik sind auf Fantasie und Einfallsreichtum angewiesen. Die meisten genialen Entwicklungen wären ohne besondere Vorstellungskraft der Menschen, die dahinterstecken, nicht denkbar gewesen. Und wer sich, wie Audi, die Innovation zur Philosophie gemacht hat, kann sich nur mit der Kreativität seiner Mitarbeiter entwickeln. Grund genug, sie innerhalb und außerhalb des Unternehmens zu fördern.

Audi
Vorsprung durch Technik

Abbildung 13: Audi: "Wieviel Kreativität braucht ein Unternehmen im nächsten Jahrhundert?"

Die Identität einer Stadt spiegelt sich in den Köpfen und Herzen der Menschen wider, wobei der Wohn- und Freizeitwert einer Stadt in entscheidendem Maße von der Vielfalt und Qualität des kulturellen Angebotes geprägt wird. Vor diesem Hintergrund umfaßt die Hauptzielgruppe des standortorientierten Musiksponsorings die Audi-Mitarbeiter, deren Familien und Freunde. Entsprechend der hohen Qualitätsansprüche, die die Audi AG an ihre Automobile setzt, ist das Unternehmen bemüht, den eigenen Mitarbeitern und Freunden attraktive musikalische Veranstaltungen zu bieten, die auf einem hohen künstlerischen Niveau stehen. Bei der Auswahl der gesponserten Projekte legt Audi großen Wert darauf, daß nicht kulturpolitische Aktivitäten aus der Kulturmetropole München kopiert werden. Vielmehr realisiert der Automobilhersteller mit seinem Musik-Engagement kulturelle Projekte mit überregionaler Bedeutung, die zur Prägung eines individuellen Charakters von Ingolstadt und seiner Umgebung beitragen und helfen, daß diese Region einen Schritt weiter aus dem Schatten der bayerischen Landes- und Kulturhauptstadt tritt.

Zu den spektakulärsten Musiksponsoring-Projekten der Audi AG zählen die 1990 erstmals in Zusammenarbeit mit dem Bayerischen Rundfunk initiierten und organisierten "Sommerkonzerte zwischen Donau und Altmühl". Das Musikfestival hat inzwischen einen beachtlichen Ruf in der Musikwelt und gilt als Belebung der bayerischen Kulturlandschaft. An historischen und modernen Spielstätten in Ingolstadt, Leitheim, Eichstätt und Neuburg a. d. Donau werden kulturelle Highlights dargeboten, die mit einer Mischung aus Tradition und Innovation alle Altersschichten ansprechen und bisher alljährlich von über 10.000 Zuschauern besucht wurden, wobei fast 50 % der Eintrittskarten an Audi-Mitarbeiter gingen. Das von international renommierten Künstlern und jungen Talenten präsentierte musikalische Angebot reicht von einer Opern-Gala über Symphoniekonzerte sowie Kammermusik und Chansons bis hin zu Aufführungen der vom Audi Kulturfonds geförderten BR Orchesterakademie Ingolstadt und den Auftragskompositionen. Neben den musikalischen Veranstaltungen umfaßt das Kulturprogramm auch Lesungen und Ausstellungen.

Der Bayerische Rundfunk und die Audi AG sind in einem partnerschaftlichen Verhältnis gemeinsame Veranstalter der Sommerkonzerte. In kooperativer Abstimmung übernehmen sie im Vorfeld der Veranstaltung die organisatorischen Aufgaben. Der Bayerische Rundfunk stellt für das Musikfestival seine drei Klangkörper: das BR-Symphonieorchester, das Münchner Rundfunkorchester und den Chor des Bayerischen Rundfunks. Darüber hinaus zeichnet der Bayerische Rundfunk alle Konzerte auf und macht so das Ereignis einer breiten Öffentlichkeit zugänglich.

Audi sorgt mit seinem Engagement für eine attraktive Preisgestaltung, die den Möglichkeiten der Besucher angepaßt ist. Bei den Sommerkonzerten 1993 bezahlten die Zuschauer zwischen 10 DM und 60 DM für eine Eintrittskarte. Zudem übernimmt die Audi AG in der Durchführungsphase die Gesamtorganisation mit folgenden wesentlichen Aufgaben:

- Regelung des Kartenvorverkaufs,
- Herausgabe der Broschüren und Programme,
- Bühnenaufbau,
- Fahrservice,
- Künstlerbetreuung,
- Werbung und Öffentlichkeitsarbeit:
  - Veranstaltungsplakate,
  - Eintrittskarten,
  - Aufkleber,
  - Postkarte,
  - Broschüre,
  - Programme,
  - CD-Produktion (Highlights der Sommerkonzerte in einer unverkäuflichen Sonderauflage von 10.000 Stück),
  - Telefonkarte (Auflage 17.000 Stück),
  - Beilage in der 'Süddeutschen Zeitung' und im 'Donau-Kurier'.

Über die Vertriebsregionen und Importeure der Audi AG werden die Konzert-Highlights auf CD international eingesetzt. Die Telefonkarten werden sowohl als Kundenpräsente vergeben (2.000 Stück), als auch von einer Fremdfirma verkauft. Die 'Süddeutsche Zeitung' gab 1992 erstmalig eine Sonderbeilage anläßlich eines Musikfestes heraus und stellte die "Sommerkonzerte zwischen Donau und Altmühl" mit den dort konzertierenden Künstlern vor, wobei Audi die journalistischen Recherchen thematisch unterstützte.

In Rezessionszeiten ist nach Angaben von Karl-Heinz Rumpf das Budget für die Kulturarbeit bei Audi - jährlich etwa 1,2 Millionen DM - von Kürzungen bedroht (vgl. Steinlechner 1993). Damit die eigenen Aktivitäten nicht eingeschränkt werden müssen, hat die Audi AG in Kooperation mit dem Bayerischen Rundfunk inzwischen Co-Sponsoren für die Sommerkonzerte geworben. Auf diese Weise gelingt es Audi, die eigenen finanziellen Belastungen in einem verträglichen Rahmen zu belassen. Folgende Co-Sponsoren unterstützten 1993 die Sommerkonzerte:

- Privat-Sektkellerei Deutz & Geldermann GmbH, Breisach am Rhein, übernahm bei der Hälfte aller Konzerte den Sektempfang für die Besucher der jeweiligen Veranstaltung.
- Telekom, Bonn, übernahm das Patronat von drei Jugendkonzerten im Rahmen der Sommerkonzerte.

10.3.2.3. Musikförderung durch den Audi Kulturfonds

Um die Förderung des musikalischen Nachwuchses unabhängig von kurzlebigen Programmstrategien bei der Audi AG zu institutionalisieren, wurde 1989 der Audi Kulturfonds eingerichtet. Zur Finanzierung tragen sowohl Zuschüsse der Audi AG als auch Einnahmen aus Benefizkonzerten bei. Zahlreiche hochkarätige Künstler konnten bisher für dieses Projekt gewonnen werden. Hier zahlen sich die guten persönlichen Kontakte von Audi aus, die unter anderem bei den von Audi betriebenen Sponsoring-Aktivitäten im Rahmen renommierter Musikfestivals geknüpft wurden und sich in den vergangenen Jahren weiter gefestigt haben. Beispielsweise spielte 1993 der Dirigent und Pianist Daniel Barenboim (derzeit Chefdirigent der Staatsoper "Unter den Linden" in Berlin) im Rahmen der "Sommerkonzerte zwischen Donau und Altmühl" gagenfrei einen Klavierabend mit Werken von Chopin in Ingolstadt. Mit dem Erlös eines solchen Konzertes unterstützt der Audi Kulturfonds auf verschiedene Weise junge Musiker und Komponisten. Zu den wesentlichen Projekten zählen die Förderung der BR Orchesterakademie Ingolstadt, sowie die Vergabe von Kompositionsaufträgen an junge Komponisten.

Förderung der BR Orchesterakademie Ingolstadt

Die BR Orchesterakademie Ingolstadt wurde 1990 im Rahmen der "Sommerkonzerte zwischen Donau und Altmühl" auf gemeinsame Initiative von Antonio Spiller, Konzertmeister des BR-Symphonieorchesters und Franz Hauk, Mitarbeiter des Kulturreferats der Stadt Ingolstadt, als Bayerische Jugend-Orchesterakademie aus der Taufe gehoben. Sie ermöglicht jungen Instrumentalisten zwischen 15 und 25 Jahren mit international renommierten Dirigenten wie Sir Colin Davis (1990), Sir Yehudi Menuhin (1991), Heinrich Schiff (1992) oder Kurt Sanderling (1993) und Dozenten des BR-Sinfonieorchesters, systematische und intensive Proben- und Konzerterfahrungen zu sammeln. Das durch den Audi Kulturfonds finanzierte Angebot an jeweils 70 bis 80 ausgewählte Musikstudenten ist eine ergänzende Maßnahme zu staatlichen Musikausbildungsstätten.

Seit ihrem Bestehen hat sich die Orchesterakademie expansiv entwickelt. Wurden in den Anfangsjahren lediglich begabte Musikstudenten aus München und Oberbayern in das Projekt einbezogen, werden 1994 bereits Studenten an europäischen Musikhochschulen im deutsch-, französisch- und italienischsprachigen Kulturraum angesprochen, um den europäischen Orchesternachwuchs und den "Gedanken der europäischen Integration" gezielt zu fördern. Die Ergebnisse der etwa einwöchigen Probephasen stellen die jungen Musiker im Rahmen der "Sommerkonzerte zwischen Donau und Altmühl" und eines weiteren deutschen Musikfestivals vor. An die zwei in Deutschland stattfindenen Konzerte, die vom Bayerischen Rundfunk aufgezeichnet werden, schließt 1994 erstmals eine dreitägige Tournee zu renommierten europäischen Musikfestivals an.

Kompositionsaufträge an junge Komponisten

Neben der BR Orchesterakademie Ingolstadt werden mit Mitteln des Audi Kulturfonds junge Komponisten mit Kompositionsaufträgen "Neuer Musik" gefördert. Die auf Empfehlung renommierter Fachleute wie Justus Frantz, Franz Hummel, Georg Katzer oder Peter Ruzicka ausgewählten Komponisten waren bisher:

1991 Lutz Glandien, Streichtrio "Damit uns nicht entfliehe die neigende Zeit",
1992 Bernd Franke, Klaviertrio "Hoffnung als ein Hauch",
1993 Jan Müller-Wieland, "Streichquartett" sowie
 P. M. Helmschrott, Orgelwerk,
1994 Helmut Burkhardt, "Klavierquintett".

Die Uraufführungen dieser Auftragskompositionen fanden jeweils im Rahmen der "Sommerkonzerte zwischen Donau und Altmühl" statt. Die Interpreten waren in jedem Jahr junge Solisten oder Nachwuchsensembles, womit Audi den Fördergedanken verknüpfte.

10.3.2.4. Standortungebundenes Musiksponsoring

Den Schwerpunkt seines Musiksponsorings setzte Audi in den achtziger Jahren mit der Unterstützung der Münchner Philharmoniker (von 1985 bis 1989), deren USA-Tournee 1989 exklusiv von Audi gesponsert wurde. Als Dank für diese Förderung gaben die Münchner Philharmoniker in den Audi-Werkshallen ein Konzert, das vom ZDF aufgezeichnet wurde. Als Hauptsponsor engagierte sich Audi bis 1990 zudem fünf Jahre lang bei dem 1986 erstmalig veranstalteten Schleswig-Holstein Musik-Festival. Nicht zuletzt dank der langjährigen Partnerschaft und finanziellen Unterstützung von Audi konnte sich dieses Festival zu einem der herausragenden Ereignisse in der deutschen Musikszene entwickeln. Als Weggefährte unterstützt Audi heute in flexibler Form weiterhin das Festival. Das Unternehmen stellt Künstlern und Organisatoren 30 Automobile für den Festival-Einsatz zur Verfügung. In den neunziger Jahren sponsert(e) Audi bisher folgende musikalischen Veranstaltungen:

Kissinger Sommer

Der Kissinger Sommer ist ein internationales Musikfestival in Bad Kissingen, das 1994 zum neunten Mal veranstaltet und von Audi im dritten Jahr gesponsert wird. Unter dem Motto "Kultur in Europa" erhielt das Festival, das Ost und West, Klassik und Moderne, Nachwuchskünstler und Weltstars miteinander verbindet, europaweit und in den USA große Anerkennung. Die Bedeutung des Kissinger Sommers für die europäische Kunst- und Kulturszene äußerte sich 1991 mit der Aufnahme als Mitglied der renommierten "Association Européenne des Festivals". Als Weggefährte des Kissinger Sommers verknüpft Audi sein standortungebundenes Musiksponsoring mit seinem standortgebundenen. Nicht nur die BR Orchesterakademie Ingolstadt konzertiert im Rahmen dieses Festivals, auch der jährlich von Audi ausgeschriebene Kompositionsauftrag wird in Bad Kissingen aufgeführt.

Brandenburgische Sommerkonzerte

Seit 1993 unterstützt die Audi AG über ihre Vertriebsregion Berlin als Hauptsponsor die Brandenburgischen Sommerkonzerte (siehe auch Kapitel 10.2.1.1.), die aufgrund ihres hohen künstlerischen Niveaus zu einem bedeutenden Musikfest in Deutschland wurden und über die Grenzen Brandenburgs hinaus viel Anerkennung genießen. Anläßlich der Brandenburgischen Sommerkonzerte 1993 boten Audi-Händler in Brandenburg und Berlin ihren Kunden eine limitierte "Festival-Edition" an. Der speziell ausgestattete Audi 80 "Da Capo" brachte zu einem attraktiven Preis den Festival-Gedanken auf vier Rädern marketingpolitisch zum Ausdruck.

Musikfestspiele Potsdam Sanssouci

Bei den Musikfestspielen Potsdam Sanssousi ist die Audi Vertriebsregion Berlin Werbepartner. Die Unterstützung erfolgt in Form von Sachleistungen: Audi stellt für die gesamte Zeit des Festivals den Fahrservice. Zudem unterstützt Audi die Festspiele mit finanziellen Mitteln und präsentierte zuletzt als Gegenleistung eine Opernproduktion.

Internationaler Robert Schumann Wettbewerb in Zwickau

Der traditionelle internationale Robert Schumann Wettbewerb für Klavier und Gesang wird alle vier Jahre durchgeführt. 1993 wurde dieser Wettbewerb bereits zum elften Mal veranstaltet und unter anderem von Audi gesponsert, womit der Automobilhersteller seine Verbundenheit zu August Horch dokumentierte, der als Patron der Audi AG und Vater des sächsischen Automobilbaus einst den Grundstein für die heutige Audi Fahrkultur legte.

10.3.3. Musiksponsoring bei der deutschen Coca-Cola Organisation

Das Musiksponsoring bei der Audi AG hat gezeigt wie eine systematische Integration in das Kommunikationskonzept unter Ausnutzung von Synergiewirkungen erfolgen kann. Sponsorships mit internationalen Stars der Pop- und Rockmusik haben in der Praxis bereits eine weitergehende konzeptionelle Einbindung in Marketing-Strategien gefunden. Hier kann neben dem professionellen Musiksponsoring von Pepsi-Cola (vgl. Hermanns/Püttmann 1989a, S. 288 ff., 1989b, S. 269 ff.; Püttmann 1989b, S. 31 f.) vor allem das Sponsoring-Engagement von Coca-Cola hervorgehoben werden.

Die The Coca-Cola Company mit Hauptsitz in Atlanta, USA, arbeitet global im Franchise-System. Sie ist heute der größte Erfrischungsgetränkehersteller der Welt. Im Rahmen des kooperativen Vertriebssystems erwarben in mehr als 195 Ländern insgesamt etwa 1.000 Konzessionäre die Lizenzen für die Abfüllung und den Verkauf von Coca-Cola Produkten in einem vertraglich festgelegten Gebiet. Weltweit werden täglich etwa 685 Millionen Drinks aus dem Hause Coca-Cola ausgeschenkt bzw. getrunken. 1929 wurde die Coca-Cola GmbH, Essen, als Tochtergesellschaft der The Coca-Cola Company gegründet. Seither ist sie die Schaltzentrale für den deutschen Franchise-Verbund, dem heute 24 Großkonzessionäre angehören. Im Segment der alkoholfreien Erfrischungsgetränke ist die Coca-Cola Organisation in Deutschland Marktführer. Ihr Verkaufsprogramm umfaßt als Hauptprodukte die Marken Coca-Cola, Fanta, Sprite, Bonaqa, Aquarius sowie Nestea. Hinzu kommen die kalorienarmen Varianten Coca-Cola light, Coca-Cola light koffeinfrei, Fanta light und Sprite light.

Das Flaggschiff der Coca-Cola Produktpalette ist die Coke, die ihre Geburtsstunde erlebte, als John S. Pemberton aus Atlanta im Jahre 1886 die Originalrezeptur für den koffeinhaltigen Softdrink erfand. Die Marketing-Aktivitäten für die inzwischen bekannteste Marke der Welt haben sich im Laufe des vergangenen Jahrhunderts den dynamischen Wettbewerbsverhältnissen entsprechend entwickelt. Heute ist eine marketingpolitische Erlebnisstrategie darauf ausgerichtet, Coca-Cola weltweit als ewig junge Marke in dem semantischen Umfeld von Energie und Kreativität zu positionieren.

Im Rahmen der klassischen Kommunikationspolitik modifiziert und unterstützt die Coca-Cola Erlebnislinie die aktuellen gesellschaftlichen Wertetrends der für Coca-Cola bedeutendsten Zielgruppe. Die Marke bzw. das Produkt wird auf diese Weise bei den Jugendlichen und jungen Erwachsenen im Alter von 14 bis 29 Jahren (Kernzielgruppe: 14 bis 19 Jahre) im Bewußtsein ihrer Lebensqualität verankert. Kommunikative Freizeiterlebnisse sollen den Konsumenten mehr Lebensfreude und größeren Genuß vermitteln. In den Coca-Cola Werbespots wird die emotionale Wirkung der visuellen Elemente auditiv mit der zeitgeistigen Dynamik der Pop- und Rockmusik in Verbindung gebracht. Eigens konzipierte Coke Songs im Stile von "You can't beat the feeling" tragen zur Prägung des spezifischen Coca-Cola Markenbildes in einer international gültigen Erlebniswelt bei.

Die Mehrzahl junger Leute sucht heute nach extrovertierter Freizeitgestaltung, nach Gefühlen von Freiheit und Lebensfreude. Vor diesem Hintergrund läutete die The Coca-Cola Company 1993 mit einer global ausgerichteten Imagekampagne ein neues Coca-Cola Zeitalter ein: "Always Coca-Cola". Printanzeigen und kurzweilige Commercials signalisieren trendorientierte Erlebniswerte. Die Kampagne wird mit Songs unterstützt, die sich musikalisch an aktuellen Genres der Pop- und Rockmusik orientieren und Coca-Cola "Always in Rhythm" halten.

Im März 1993 startete die The Coca-Cola Company ihr bisher umfangreichstes Musik-Engagement. In 25 Ländern Ost- und Westeuropas wurden Jugendliche und junge Erwachsene freizeit- und erlebnisorientiert angesprochen - unter dem Motto "Coca-Cola is the music". Die zahlreichen kommunikativen Aktivitäten wurden visuell von einem eigens kreierten Logo geprägt (siehe Abbildung 14).

10.3.3.1. Tourneen-Sponsoring

Den Schwerpunkt ihres Musik-Engagements legte Coca-Cola als Sponsor in die Europa-Tourneen von
- Bon Jovi,
- Prince & The New Power Generation,
- Scorpions.

Abbildung 14: "Coca-Cola is the music" Logo

Das bedeutet mehr als 120 Konzerte in über 60 Städten in 25 europäischen Ländern vor mehr als 400 Millionen Menschen. Bon Jovi gab mit seiner Band in Deutschland 17 Konzerte, die Scorpions traten im Rahmen ihrer Welttournee bei 11 Konzerten in der Bundesrepublik auf. Prince & The New Power Generation waren in Deutschland einer der Höhepunkte der Veranstaltungsreihe "Rock over Germany", die wegen des großen technischen und finanziellen Aufwands als **das** Rockereignis Europas im Sommer 1993 galt. An vier verschiedenen Orten spielten an jeweils drei Tagen 18 international renommierte Bands auf je zwei Bühnen. Coca-Cola war bei diesem Festival nicht nur Sponsor von Prince & The New Power Generation, sondern erhielt auch das Prädikat "offizieller Festival Softdrink". Darüber hinaus wurde "Rock am Ring" an zwei Tagen auf dem Nürburgring von Coca-Cola gesponsert.

Die Sponsoring-Verträge für Konzepte dieser Art gewähren der The Coca-Cola Company Rechte, die die Hauptsponsorenschaft herausstellen und Coca-Cola zahlreiche kommunikative Maßnahmen im Vorfeld der Tourneen sowie im direkten Umfeld der einzelnen Konzerte erlauben. Die erworbenen Rechte wurden von der deutschen Coca-Cola Organisation im vertraglich vereinbarten Umfang genutzt. Das Ergebnis überzeugte: Ganz offensichtlich trug Coca-Cola mit dazu bei, daß Künstler und Fans zusammenfanden.

10.3.3.1.1. Tour Promotions

Im Rahmen einer von Coca-Cola initiierten europäischen Pressekonferenz Ende März 1993 in München eröffnete Ralph Cooper, Senior Vice President der The Coca-Cola Company, offiziell den "Music Summer '93". Bon Jovi stand anläßlich des Starts seiner Welttournee zusammen mit seiner Band mehr als 100 europäischen Journalisten Rede und Antwort. Live hinzugeschaltet wurde via Satellit unter anderem die Rockgruppe Scorpions, die sich zum Zeitpunkt der Pressekonferenz in Kanada aufhielt.

Auf allen die Tourneen vorbereitenden oder begleitenden Materialien wie Eintrittskarten, Ankündigungsposter, Konzerthandzettel, Tourneedateninsertionen etc. wurde Coca-Cola als Presenter hervorgehoben (siehe beispielhaft Abbildung 15). In Kooperation mit den jeweiligen Tonträgerfirmen der Künstler sowie mit den für sie arbeitenden Konzertagenturen setzte Coca-Cola weitere tourneeunterstützende Promotion-Maßnahmen ein, die in ihrer Wirkung dazu beitrugen, daß die Tourneen der Künstler erfolgreich verliefen. Zu den Tour Promotions von Coca-Cola zählten beispielsweise:

- Print-Anzeigen in Musikpublikums- und Jugendzeitschriften.

- TV-Commercials in jugendorientierten Channels mit Bon Jovi sowie Prince & The New Power Generation. SAT.1 präsentierte mehrere hundert Mal einen Werbespot zur Vorankündigung des Rockspektakels "Rock over Germany". Integrativ wurde der Coca-Cola Spot mit Prince & The New Power Generation eingesetzt.

- Kartonierte Verpackungen der Coca-Cola Six-Packs mit entsprechenden Tour-Artworks.

- Verstärkte Promotion-Aktivitäten in den Städten, in denen die Konzerte im Rahmen der gesponserten Tourneen stattfanden. Beispielsweise warb Coca-Cola für die Berliner Konzerte unter anderem auf der Avnet Werbetafel, die Coca-Cola auf dem Kurfürstendamm zur Verfügung steht und in Kooperation mit der Berliner Zeitung eingesetzt wird. In München kündigte Coca-Cola die Konzerte von Bon Jovi und Scorpions unter anderem im Olympiastadion bei Bundesligaspielen der Münchner Bayern an.

- Kooperation mit verschiedenen Musikpublikums- und Jugendzeitschriften sowie zahlreichen Hörfunkanstalten. Gemeinsam mit der Jugendzeitschrift Bravo wurde beispielsweise ein Supplement herausgegeben, das den Coca-Cola "Music Summer '93" vorstellte und die Künstler der gesponserten Tourneen porträtierte.

Abbildung 15: Coca-Cola presents: Prince & The New Power Generation

10.3.3.1.2. Field Promotions

Für jedes Konzert im Rahmen der von Coca-Cola gesponserten Tourneen übernahm die Coca-Cola Organisation den Ausschank von alkoholfreien Erfrischungsgetränken. Weitere kommunikative Maßnahmen im Umfeld der einzelnen Konzerte, die sowohl auf Festwiesen, in Sportstadien als auch in großen (Sport-) Hallen stattfanden, stimmte Coca-Cola jeweils auf die spezifischen Gegebenheiten vor Ort und das Publikum ab. Im wesentlichen basierten die Field Promotions auf drei Komponenten: Dekoration, Entertainment und Give-Aways.

Dekoration

Mit rot-weißen Coca-Cola Bannern und Transparenten hieß Coca-Cola die Fans ebenso willkommen wie mit einer überdimensionalen, aufgeblasenen Coke-Flasche und/oder einer -Dose. Bei einigen Konzerten flog zudem ein roter Coke Zeppelin vor Beginn der Veranstaltungen über die Arenen. Im Innenraum der Konzertstätten wurden Banner eingesetzt, die Coca-Cola als Presenter der entsprechenden Tournee kennzeichneten.

Entertainment

Um den Fans, die vor Beginn der Konzerte längere Wartezeiten in Kauf nahmen, die Zeit bis zum Auftritt ihrer Stars zu verkürzen, bot Coca-Cola im Umfeld der Konzerte ein Beiprogramm an. Ein rot-weißes Promotionmobil tourte mit den Bands durch Deutschland. Auf der Bühne des Musik-Mobils wurden die Konzertbesucher musikalisch mit Impressionen aktueller CDs der entsprechenden Künstler unterhalten, außerdem mit Quizspielen, sportlichen Wettkämpfen oder Karaoke-Wettbewerben, für deren Gewinner verschiedene Coca-Cola Merchandise-Artikel bereitgehalten wurden. Neben diesen Promotion-Aktivitäten begrüßte Coca-Cola bei zahlreichen Konzerten ausgewählte Gäste, Vertreter der mit Coca-Cola kooperierenden Medien sowie Sieger von Gewinnspielen in einer VIP-Lounge zum "Meet and Greet" mit den jeweiligen Künstlern.

Give-Aways

An die Konzertbesucher verteilten Hostessen zahlreiche Give-Aways wie Feuerzeuge oder kleine Ferngläser mit dem "Coca-Cola is the music" Logo.

10.3.3.2. TV- und Hörfunk-Sponsoring

Parallel zum Tourneen-Sponsoring setzte Coca-Cola 1993 als Sponsor von jugendorientierten Musiksendungen im Fernsehen und Hörfunk musikalische Akzente.

So informiert der von Coca-Cola gesponserte MTV Coca-Cola Report von montags bis freitags über Neuigkeiten aus der aktuellen populären Musikszene, stellt Konzerttermine, "klassische" Titel aus dem MTV-Archiv sowie von Zuschauern ausgewählte Videoclips vor. Zudem präsentierte Coca-Cola 1993 bei RTL 2 das Jugendmagazin Bravo-TV, das sich inhaltlich an der gleichnamigen Zeitschrift orientiert, wobei der Schwerpunkt bei der Vorstellung aktueller Hits liegt.

Im Radio präsentierte Coca-Cola Live-Mitschnitte von Konzerten aus der aktuellen Pop- und Rockmusikszene. Europaweit stellte Coca-Cola Hörfunkanstalten fertig produzierte Tapes zur Verfügung und war so mit zum Teil bisher unveröffentlichten Live-Aufnahmen on air. Das komplette "Live-Paket" umfaßte "Lieblingsstücke" international renommierter Künstler wie David Bowie, Eric Clapton, Joe Cocker, Crowded House, Bon Jovi, Nirvana oder Pet Shop Boys. In Deutschland wurden die Live-Mitschnitte sowohl bei Sendern der öffentlich-rechtlichen Rundfunkanstalten als auch bei privaten Hörfunkanstalten im redaktionellen Umfeld von Jugendprogrammen ausgestrahlt.

10.3.3.3. Integriertes "Coca-Cola is the music"-Programm

Die verschiedenen Sponsorships waren eingebunden in ein integriertes "Coca-Cola is the music"-Programm. In Deutschland begleiteten weitere Musik-Promotions und Aktionen den "Music Summer '93", die die Sponsorships unterstützten und die Beziehung der Marke Coca-Cola zur Musik dokumentierten.

Zahlreiche Verbrauchergewinnspiele stellten einen unmittelbaren Bezug zu den Tour-Sponsorships her. Coca-Cola verloste im Handel und über die Medien Konzerttickets für die gesponserten Tourneen sowie verschiedene "Coke is the music"-Merchandise-Artikel. Darüber hinaus stellte Coca-Cola den "Music Summer '93" im Rahmen lokaler Aktivitäten der Konzessionäre und in Diskotheken vor. In Groß-Discos wurden Coke-Partys veranstaltet, die in einem zielgruppenorientierten Ambiente für Unterhaltung sorgten und die Disco-Besucher in direkter Ansprache über die Sponsorships informierten.

Im Rahmen des Coca-Cola Märkteprogramms begleiteten verschiedene Verkaufsförderungsmaßnahmen in Handelskonzernen, Getränkeabholmärkten und Tankstellenkonzernen das "Coke is the music"-Programm. Schwerpunkte waren die Musik-Promotions "Cover Collection" und "Star-Can-Collection".

Von Ende Mai bis Ende September 1993 führte Coca-Cola in Kooperation mit Sony Music die Aktion "Cover-Collection" durch. Die Konsumenten fanden auf allen 1,0 Liter Glas- und 1,5 Liter PET Mehrwegflaschen eine Sammlung von 40 verschiedenen Miniatur-Covern der Pop- und Rockmusik-Geschichte. Gratis zu dieser Cover-Collection erhielt der Kunde ein Sammelposter mit Informationen über die jeweiligen Künstler und die Möglichkeit zur Teilnahme an einem Gewinnspiel (siehe Abbildung 16). Am Point of Sale wurde mit Deko-Materialien und verschiedenen verkaufsfördernden Aktivitäten auf diese Aktion aufmerksam gemacht.

Abbildung 16: Coca-Cola Cover Collection

Abbildung 17: Coca-Cola "Greatest Hits"

Im Herbst 1993 brachte Coca-Cola eine Stardosen-Kollektion auf den deutschen Markt. Unter dem Motto "Greatest Hits of Coca-Cola" kreierten zwölf nationale und internationale Stars der populären Musikszene, entsprechend ihrer künstlerischen Freiheit, "ihre" Coca-Cola Dosen, die mit ihrem poppigen Design das traditionelle Rot-Weiß für vier Monate verdrängten, in denen die "Star-Can-Collection" als einmalige Sammeledition überall erhältlich war. Neben Bon Jovi und Scorpions gestalteten Sting, Die Fantastischen Vier, Peter Maffay, Westernhagen, Udo Lindenberg, Otto, Matthias Reim, BAP, Fury in the Slaughterhouse und Chris Rea die 0,33 Liter Coke Dosen (siehe Abbildung 17). Mit diesem spektakulären Auftritt sprach Coca-Cola die Sammelleidenschaft der Deutschen allgemein und der jungen Leute im speziellen an und ließ die Coke Dose zum regalfähigen "Kunstwerk" werden. Zugleich sollte die Stardosen-Kollektion gesellschaftliche Verantwortung dokumentieren: Die Künstler verzichteten zugunsten der deutschen Nordoff-Robbins-Stiftung auf ihre Gagen. Diese Einrichtung, die weltweit von bekannten Musikern wie Bon Jovi oder Paul McCartney Unterstützung findet, hilft schwerkranken und behinderten Menschen mit Musiktherapien. An den Verkaufsorten wurde auf die Stardosen-Kollektion mit umfangreichen PoS-Materialien wie große aufblasbare Stardosen oder Dosenschütten mit Plakaten aufmerksam gemacht.

11. Schlußbetrachtung

Sponsoring bietet der Musikszene eine Möglichkeit zur Erlangung zusätzlicher finanzieller und/oder materieller Zuwendungen und kann darüber hinaus ein Beitrag zur Realisierung qualitativ hoher kultureller bzw. musikalischer Leistungen sein, wobei keinesfalls eine einseitige Herrschaft kommunikativer Interessen entstehen darf. Vielmehr sollte Sponsoring instrumentell die Werbebotschaft eines Künstlers, einer Tournee, eines Festivals etc. transferieren und zudem zur Erhöhung des Bekanntheitsgrades und somit zur Förderung des Vertriebs der Leistung eines Gesponserten beitragen.

Erfolgreiches Musiksponsoring setzt grundsätzlich voraus, daß die Verbindung der Unternehmensziele mit dem musikalischen Engagement von den relevanten Zielgruppen als schlüssig und damit glaubwürdig angesehen wird. Die verschiedenen Fallbeispiele haben gezeigt wie unterschiedlich, in Abhängigkeit von Unternehmen, Produkt und Dienstleistung, die Motivation und Zielsetzung für die konzeptionelle Planung und Umsetzung des Musiksponsorings in der praktischen Anwendung sind.

Musiksponsoring kann Grundlage für eine standardisierte Kommunikationsarbeit mit regionaler, nationaler oder internationaler Ausrichtung sein und als flankierendes Kommunikationsinstrument zur langfristig-strategischen Ausgestaltung der Corporate Culture sowie der Corporate Identity beitragen und somit eine interne wie externe Kommunikationswirkung erzielen. Bedingt durch die verschärfte Wettbewerbssituation gilt heute eine integrierte Unternehmenskommunikation als wesentlicher strategischer Erfolgsfaktor. Musiksponsoring erfordert somit eine operative Vernetzung mit allen eingesetzten und aufeinander abgestimmten Instrumenten im Marketing- bzw. Kommunikations-Mix. Im Rahmen des Sponsoring-Mix bietet das Musiksponsoring darüber hinaus vielfältige Möglichkeiten zur Unterstützung eines vernetzten Sponsoring-Konzeptes.

Der sich in den kommenden Jahren fortsetzende Trend "pro Kultur" wird ebenso zur weiteren dynamischen Entwicklung des Musiksponsorings beitragen wie die kreativen Entwicklungen in der Anwendung und Darstellung dieses Instrumentes. Die Musik als "Imageträger" ist modern und attraktiv!

Literaturverzeichnis

Amann, M. (1993): 40 Jahre Schmidlin & Partner Design Agency, in: Verpackungs-Rundschau, 44. Jg., Nr. 2, S. 14-20.

Angenendt, C. (1993): Imagetransfer und Akzeptanz beim Sponsoring, in: Planung und Analyse, Nr. 2, S. 5-9.

Antonoff, R. (1989): Corporate Identity (CI), in: Lexikon der Public Relations, hrsg. von Pflaum, D., Pieper, W., Landsberg a. d. Lech, S. 69-73.

Beckmann, F. (1989): Kulturförderung und Kultursponsoring bei Lufthansa, in: Kulturförderung, Kultursponsoring, hrsg. von Bruhn, M., Dahlhoff, H. D., Frankfurt a. M., Wiesbaden, S. 153-165.

Bente, K. (1990): Product Placement: Entscheidungsrelevante Aspekte in der Werbepolitik, Wiesbaden.

Berndt, R. (1989): Product Placement im Kultursponsoring, in: Sport- und Kultursponsoring, hrsg. von Hermanns, A., München, S. 205-218.

Berndt, R. (1993): Product Placement, in: Handbuch Marketing-Kommunikation, hrsg. von Berndt, R., Hermanns, A., Wiesbaden, S. 673-694.

Birkigt, K., Stadler, M. M. (1988): Corporate Identity - Grundlagen, in: Corporate Identity. Grundlagen, Funktionen, Fallbeispiele, hrsg. von Birkigt, K., Stadler, M. M., Funck, H. J., 4. Aufl., Landsberg a. d. Lech, S. 17-63.

Bodenstein, J. F. (1992): Wunderkerzen und Ohrschutz. Bundespräsidentin Süssmuth sucht bei Genesis Kontakt zur Jugend, in: Westdeutsche Zeitung, Nr. 160.

Bruhn, M. (1988): Die Entwicklung neuer Kommunikationsformen: Möglichkeiten zur Erweiterung des Werbevolumens durch Sponsoring und Product Placement?, in: Markenartikel, 50. Jg., Nr. 5, S. 224-227.

Bruhn, M. (1989a): Kulturförderung und Kultursponsoring - neue Instrumente der Unternehmenskommunikation?, in: Kulturförderung, Kultursponsoring, hrsg. von Bruhn, M., Dahlhoff, H. D., Frankfurt a. M., Wiesbaden, S. 37-84.

Bruhn, M. (1989b): Planung des Sponsoring, in: Sport- und Kultursponsoring, hrsg. von Hermanns, A., München, S. 15-28.

Bruhn, M. (1990): Marketing: Grundlagen für Studium und Praxis, Wiesbaden.

Bruhn, M. (1991): Sponsoring. Unternehmen als Mäzene und Sponsoren, 2. Aufl., Frankfurt a. M.

Bruhn, M., Mehlinger, R. (1992): Rechtliche Gestaltung des Sponsoring, Bd. 1, Allgemeiner Teil, München.

Bruhn, M., Wieland, T. (1988): Sponsoring in der Bundesrepublik. Ergebnisse einer Unternehmensbefragung, Arbeitspapier des Instituts für Marketing an der European Business School, Nr. 10, hrsg. von Bruhn, M., Schloß Reichartshausen am Rhein (Rheingau).

Bürger, J. H. (1986): Public Relations. Product Placement, Sport-Marketing, Character-Licensing, Werbung mit VIP's, Essen.

Dahlhoff, H. D. (1989): Unternehmenskommunikation und Kulturförderung, in: Kulturförderung, Kultursponsoring, hrsg. von Bruhn, M., Dahlhoff, H. D., Frankfurt a. M., Wiesbaden, S. 15-34.

Daweke, K., Schneider, M. (1986): Die Mission des Mäzens. Zur öffentlichen und privaten Förderung der Künste, Opladen.

Demuth, A. (1989): Corporate Communications, in: Handbuch des Marketing, hrsg. von Bruhn, M., München, S. 433-451.

Dollase, R., Rüsenberg, M., Stollenwerk, H. J. (1978): Das Jazzpublikum. Zur Sozialpsychologie einer kulturellen Minderheit, Mainz.

Dollase, R., Rüsenberg, M., Stollenwerk, H. J. (1985): Konzertpublikum, in: Musikpsychologie. Ein Handbuch in Schlüsselbegriffen, hrsg. von Bruhn, H., Oerter, R., Rösing, H., München, S. 371-377.

Eggebrecht, H. H. (1986): Musik in unserem Leben, in: Meyers kleines Lexikon. Musik, hrsg. von der Redaktion für Musik des Bibliographischen Instituts, Mannheim, S. 5-11.

Ernst-Motz, A., Zdral, W. (1991): Sponsoring - Abgesang der Amateure, in: Industriemagazin, Nr. 8, S. 42-50.

Everding, A. (1993): Ich bin das ständige Krisengeschwätz leid! Kultur ist eine Pflicht, keine Verschwendung, in: Focus-Magazin, Nr. 20, S. 76.

Fischer, H. H. (1988): Verdrängt der Sponsor den Mäzen?, in: absatzwirtschaft, Sondernr. 10, S. 72-92.

Fohrbeck, K. (1989): Renaissance der Mäzene? Interessenvielfalt in der privaten Kulturfinanzierung, hrsg. vom Bundesminister des Innern, Köln.

Fohrbeck, K., Wiesand, A. J. (1982): Musik, Statistik, Kulturpolitik: Daten und Argumente zum Musikleben in der Bundesrepublik Deutschland, Köln.

Gallist, D., Hartwig, H. A. (1994): Kultur und Sponsoring, in: PR Magazin, Nr. 6, S. 31-34.

Gottstein, H. (1989): Unternehmenskultur und Kulturförderung, Redeskizze anläßlich des Symposiums "Musiktheater - um welchen Preis?" im Forschungsinstitut für Musiktheater der Universität Bayreuth am 04.10., hrsg. von BMW AG Public Relations, München.

Hanrieder, M. (1989): Die Planung des Kultursponsoring im Rahmen der Kommunikationspolitik, in: Kultursponsoring, hrsg. von Roth, P., Landsberg a. d. Lech.

Hartwig, H. A. (1993): Was Opern- und Rockfans beim Kaufen unterscheidet, in: W & V, Nr. 18, S. 94.

Heinen, E., Dill, P. (1986): Unternehmenskultur. Überlegungen aus betriebswirtschaftlicher Sicht, in: ZfB, 56. Jg., Nr. 3, S. 202-218.

Hermanns, A. (1988): Profilierung durch Sponsoring, Erlebnisorientiertes Instrument der Marktkommunikation und Wettbewerbsfaktor, in: Marktforschung & Management, Nr. 3, S. 79-82.

Hermanns, A. (1991): Zur Problematik der Sponsoring-Kontrolle, in: Werbeforschung & Praxis, Nr. 1, S. 29-34.

Hermanns, A., Drees, N. (1989): Charakteristika des Kultursponsoring, in: Sport- und Kultursponsoring, hrsg. von Hermanns, A., München, S. 151-166.

Hermanns, A., Püttmann, M. (1989a): Internationales Musik-Sponsoring - Grundlagen und Fallbeispiele aus der Pop-Musik, in: Jahrbuch der Absatz- und Verbrauchsforschung, Nr. 3, S. 277-291.

Hermanns, A., Püttmann, M. (1989b): Internationales Musiksponsoring - Bedeutung, theoretische Grundlagen und Fallbeispiele, in: Kulturförderung, Kultursponsoring, hrsg. von Bruhn, M., Dahlhoff, H. D., Frankfurt a. M., Wiesbaden, S. 257-277.

Hermanns, A., Püttmann, M. (1989c): Kontrolle des Sponsoring, in: Sport- und Kultursponsoring, hrsg. von Hermanns, A., München, S. 39-48.

Hirschfeld, P. (1968): Mäzene. Die Rolle des Auftraggebers in der Kunst, München.

Hoffmann, H. (1993): Die Künste sind nur ein Teil der Kultur, in: Süddeutsche Zeitung, Nr. 159, S. 11.

Hormuth, S. (1993): Placement: eine innovative Kommunikationsstrategie, München.

IPA Marketing (Hrsg.) (1992): Die 10 Stärken des Hörfunks. Hörfunk auf den Punkt gebracht, Hamburg.

Jebsen, P. (1990): Neil Young & Crazy Horse: Wilde Reiter, in: Musik Express Sounds, Nr. 11, S. 41-42.

Kalweit, U. (1989): Sponsoring, in: Lexikon der Public Relations, hrsg. von Pflaum, D., Pieper, W., Landsberg a. d. Lech, S. 410-414.

Keller, I. (1990): Das CI-Dilemma. Abschied von falschen Illusionen, Wiesbaden.

Kern, S., Toman-Banke, M. (1993): "Erstmal locker machen", in: Textil-Wirtschaft, Nr. 21, S. 36-37.

Kohlenberg, M. (1992): Musiksponsoring - Möglichkeiten, Formen und Grenzen, (unveröffentlichte) Diplomarbeit an der Fachhochschule Niederrhein, Mönchengladbach.

Kowalewsky, R. (1992): Mit Pfefferminz, in: Wirtschaftswoche, 46. Jg., Nr. 28, S. 107-109.

Kroeber-Riel, W. (1988): Kommunikation im Zeitalter der Informationsüberlastung, in: Marketing-ZFP, 10. Jg., Nr. 3, S. 182-189.

Kroeber-Riel, W. (1991): Kommunikationspolitik - Forschungsgegenstand und Forschungsperspektive, in: Marketing-ZFP, 13. Jg., Nr. 3, S. 164-171.

Kroeber-Riel, W. (1992): Konsumentenverhalten, 5. Aufl., München.

Krüger, U. M., Zapf-Schramm, T. (1994): Programmanalyse 1993 von ARD, ZDF, SAT.1 und RTL, in: Media Perspektiven, Nr. 3, S. 111-124.

Lambeck, A. (1989): Kulturförderung und Kultursponsoring bei Philips, in: Kulturförderung, Kultursponsoring, hrsg. von Bruhn, M., Dahlhoff, H. D., Frankfurt a. M., Wiesbaden, S. 205-216.

Lewinski, W. E. von (1994): Erlaubt ist, was dem Sponsor gefällt, in: Rheinischer Merkur, Nr. 28, S. 19.

Loock, F. (1988): Kunstsponsoring. Ein Spannungsfeld zwischen Unternehmen, Künstlern und Gesellschaft, Wiesbaden.

Loock, F. (1991): Kultursponsoring: Ein mißverstandener Mythos?, in: Kulturmanagement. Kein Privileg der Musen, hrsg. von Loock, F., Wiesbaden, S. 169-180.

Mauró, H. (1993): "Wir hätten doch eine Chance haben müssen", Gespräch mit Christian Ohlenroth zum Ende des "Forums für Alte Musik", in: Süddeutsche Zeitung, Nr. 179, S. 14.

Meenaghan, J. A. (1983): Commercial Sponsorship, in: European Journal of Marketing, 17. Jg., Nr. 2, S. 5-73.

Meffert, H. (1986): Marketing. Grundlagen der Absatzpolitik, 7. Aufl., Wiesbaden.

Nieschlag, R., Dichtl, E., Hörschgen, H. (1991): Marketing, 16. Aufl., Berlin.

Noelle-Neumann, E., Köcher, R. (Hrsg.) (1993): Allensbacher Jahrbuch der Demoskopie 1984-1992, Bd. 9, München u. a.

Opaschowski, H. W. (1992): Freizeit 2001. Ein Blick in die Zukunft unserer Freizeitwelt. Eine Projektstudie zur Freizeitforschung vom BAT-Freizeit-Forschungsinstitut, Hamburg.

Opaschowski, H. W. (1993): Fernsehkonsum im Wandel. Aktuelle Ergebnisse aus der qualitativen Freizeitforschung, hrsg. vom BAT-Freizeit-Forschungsinstitut, Hamburg.

o. V. (1992a): Orpheus mit Bauchladen, in: Der Spiegel, 46. Jg., Nr. 24, S. 202-218.

o. V. (1992b): Sponsor fördert Schüler. Volksbank AG unterstützt neue Folkwang-Projekte, in: Westdeutsche Allgemeine Zeitung, Nr. 109.

o. V. (1993a): Der Trend geht zu größerer Leistungsdichte, in: Neue Musik-Zeitung, Nr. 4, S. 23.

o. V. (1993b): Die Clique bestimmt, welche Marke gut ankommt, in: Blick durch die Wirtschaft, Nr. 180, S. 7.

o. V. (1993c): Kunst unterm Korb, in: Zeitmagazin, Nr. 32, S. 18-22.

o. V. (1993d): Tonger: Chöre melden zu wenig Programme an die GEMA, in: Musikhandel, 44. Jg., Nr. 5, S. 207.

o. V. (1993e): Oper im Endspiel, in: Der Spiegel, 47. Jg., Nr. 13, S. 240-249.

o. V. (1993f): Oper: Kultur de Luxe, in: Focus-Magazin, Nr. 19, S. 80-81.

Pflaum, D. (1989): Corporate Design, in: Lexikon der Public Relations, hrsg. von Pflaum, D., Pieper, W., Landsberg a. d. Lech, S. 66-69.

Püttmann, M. (1989a): Musik-Sponsoring, in: Sport- und Kultursponsoring, hrsg. von Hermanns, A., München, S. 219-230.

Püttmann, M. (1989b): Pop-Musik-Sponsoring als neues Kommunikationsinstrument von Konsumgüterherstellern, in: Werbeforschung & Praxis, Nr. 1, S. 28-33.

Püttmann, M. (1991a): Sponsoring: Erfolgreiche Symbiose zwischen Wirtschaft und Gesellschaft?, in: Kulturmanagement. Kein Privileg der Musen, hrsg. von Loock, F., Wiesbaden, S. 235-248.

Püttmann, M. (1991b): Musik-Sponsoring: Grundlagen und Ergebnisse einer Veranstalterbefragung, in: Werbeforschung & Praxis, Nr. 1, S. 21-29.

Pulch, B. (1993): ISPR: Sponsoring positiver als TV-Spots, in: Horizont, Nr. 6, S. 34.

Raffée, H., Wiedmann, K. P. (1989): Corporate Communications als Aktionsinstrument des strategischen Marketing, in: Strategisches Marketing, hrsg. von Raffée, H., Wiedmann, K. P., 2. Aufl., Stuttgart, S. 662-691.

Reinecke, H. P. (1988): Anmerkungen zum Mäzenatentum in Geschichte und Gegenwart, in: Musikmäzenatentum und Sponsoring. Musikpflege und Nachwuchsförderung, Schriftenreihe der Hochschule für Musik und darstellende Kunst Hamburg, Bd. 1, hrsg. von Rauhe, H., Regensburg, S. 14-22.

Roth, P. (1989): Kultursponsoring. Meinungen, Chancen und Probleme, Konzepte, Beispiele, Landsberg a. d. Lech.

Rust, H. (1988): Kultursponsoring. Das Erbe der Mäzene, in: Neue Medien, Nr. 11, S. 76-83.

Sample Institut (Hrsg.) (1988): Verbraucherumfrage zum Thema Sponsoring, Pressemitteilung des Sample Instituts, Mölln.

Sample Institut (Hrsg.) (1991): Eigenuntersuchung Sponsoring IV - Wege der Wirkungskontrolle, Mölln.

Sample Institut (Hrsg.) (1992): Dokumentation zum Vortrag "Wege der Wirkungskontrolle beim Sponsoring", Sponsoring-Konferenz am 16./17. März in Köln.

Schmidt, F. (1992): Warum können Sie auf Werbung nicht verzichten, Herr Stolte? - Interview mit Dieter Stolte, in: Frankfurter Allgemeine Magazin, Nr. 667, S. 94-95.

Schol, J. (1992): "Brandenburgische Sommerkonzerte" preisgekrönt, in: Berliner Morgenpost, 31.10.

Sgonina, M. (1992): Nix För Lau!, in: Kölner Illustrierte, Nr. 6, S. 12-14.

Simon, H. (1992): Preismanagement: Analysen, Strategien, Umsetzung, 2. Aufl., Wiesbaden.

Stadler, M. M. (1987): Corporate Identity, in: Marketing, hrsg. von Geisbüsch, H. G., Weeser-Krell, L. M., Geml, R., Landsberg a. d. Lech, S. 481-496.

Stark, J. (1993): Mißtöne bei Aktion gegen Fremdenhaß, in: Süddeutsche Zeitung, Nr. 150, S. 12.

Steinlechner, C. (1993): Audi hat ein Ohr für junge Musiker, in: Münchner Merkur, Nr. 218.

Stottmeister, G. (1988): Der Einsatz von Preisausschreiben im Marketing: Ausprägungen, Wirkungen und Wirkungsmessung, Heidelberg.

Strenger, H. J. (1991): Unternehmenskultur ist..., Vorwort in: Steckenpferde. Vereinsleben unter dem Bayerkreuz, hrsg. von Bayer AG, Konzernverwaltung Öffentlichkeitsarbeit, Leverkusen, S. 5.

Wegerhoff, S. (1992): Die Kunst zu fördern heißt mit Interesse leben - Zur Sponsoring-Strategie von American Express, Referat bei der Marketing-Fachkonferenz "Sponsoring" am 07./08. Sept. im Hotel Frankfurter Hof, Frankfurt a. M.

Weis, H. C. (1990): Marketing, 7. Aufl., Ludwigshafen.

Wiedermann, M. (1987): Product Placement - Sponsoring im Kulturbereich, in: Der Markt, 26. Jg., Nr. 3-4, S. 122-125.

Wirz, J. (1988): Sponsoring. Eine skeptische Einstellung kann durchaus hilfreich sein, in: Marketing Journal, 21. Jg., Nr. 4, S. 390-395.

Zastrow, H. (1993): Brotlos, aber wirkungsvoll!, in: PR-Magazin, Nr. 1, S. 22-23.

Zettel, H. (1993): Der "Kulturmacher" aus der Automobilbranche, in: Süddeutsche Zeitung, Nr. 100, S. 46.

Zuberbier, I. (1989): Gemeinsamer Markt Europa - Neun Sprachen, aber nur ein Bild, in: Markenartikel, 51. Jg., Nr. 4, S. 154-160.

Persönliche Schreiben an und Gespräche mit dem Verfasser (Kapitel 4.-6.):

Jendrollik, H. (29.06.1992), WTB Westdeutsche Kreditbank GmbH, Köln.

Lieberberg, M. (27.07.1992), Marek Lieberberg Konzertagentur GmbH, Frankfurt a. M.

Lohse, F. (25.05.1992), Deutsche Bank AG, Frankfurt a. M.

Magdowski, I. (05.05.1993), Kulturdezernat Stadt Duisburg, Duisburg.

Martin, P. (25.09.1992), Adidas AG, Herzogenaurach.

Nimke, G. (04.08.1992), Berliner Philharmonisches Orchester, Berlin.

Schmitz, H. (24.09.1992), EMI Classics, Köln.

Stötzel, D. U. (22.09.1993), Verband Privater Rundfunk und Kommunikation e.V., Bonn.

Wegerhoff, S. (07.07.1993), American Express International, Frankfurt a. M.

Zuleger, G., Püpcke, R. (22.09.1993), Sponsor Partners GmbH, Bonn.

Die Ausführungen zu den Fallbeispielen in Kapitel 10. basieren weitgehend auf persönlichen Gesprächen des Verfassers mit:

Polenz, H., Initiativkreis Ruhrgebiet (Pressesprecher), Essen.

Behrens, H. H., Brandenburgische Sommerkonzerte e. V. (Vorstandsmitglied), Berlin.

Herrmann, A., Brandenburgische Sommerkonzerte e. V. (Public Relations), Berlin.

Martin, W., Brandenburgische Sommerkonzerte e. V. (Vorstandsvorsitzender), Berlin.

Kienow, S., Kienow & Partner GmbH (Geschäftsführerin), Frankfurt.

Steinfadt, P., Kienow & Partner GmbH (Projektleiter), Frankfurt.

Cremer, M., Stadtsparkasse Köln (Pressesprecher/Abteilungsdirektor und Leiter Unternehmenskommunikation), Köln.

Weber, I., Stadtsparkasse Köln (Public Relations), Köln.

Müller, S., Audi AG (Public Relations), Ingolstadt.

Bestmann, K., Coca-Cola GmbH (Special Projects Coca-Cola Brandmanagement), Essen.

Bommersheim, G., Coca-Cola GmbH (Pressesprecher), Essen.